基金项目：江汉大学城市研究中心2021年度开放性课题（立项号：CSZX20212001）；本研究成果是江汉大学城市治理与文化传承学科（群）建设成果&江汉大学城市发展与治理现代化研究中心省级人文社科基地建设成果。

|光明社科文库|

武汉学校体育发展概述
（晚清、民国篇）

蔡其飞 ◎ 著

光明日报出版社

图书在版编目（CIP）数据

武汉学校体育发展概述.晚清、民国篇／蔡其飞著
.--北京：光明日报出版社，2023.8
ISBN 978-7-5194-7398-3

Ⅰ.①武… Ⅱ.①蔡… Ⅲ.①学校体育—教育史—武汉—清后期—民国 Ⅳ.①G807-092

中国国家版本馆 CIP 数据核字（2023）第 151716 号

武汉学校体育发展概述.晚清、民国篇
WUHAN XUEXIAO TIYU FAZHAN GAISHU.WANQING、MINGUO PIAN

著　　　者：蔡其飞	
责任编辑：李　倩	责任校对：李壬杰　贾文梅
封面设计：中联华文	责任印制：曹　净

出版发行：光明日报出版社
地　　址：北京市西城区永安路 106 号，100050
电　　话：010-63169890（咨询），010-63131930（邮购）
传　　真：010-63131930
网　　址：http://book.gmw.cn
E - mail：gmrbcbs@gmw.cn
法律顾问：北京市兰台律师事务所龚柳方律师

印　　刷：三河市华东印刷有限公司
装　　订：三河市华东印刷有限公司
本书如有破损、缺页、装订错误，请与本社联系调换，电话：010-63131930

开　　本：170mm×240mm
字　　数：140 千字　　　　　　　　印　张：13
版　　次：2023 年 8 月第 1 版　　　 印　次：2023 年 8 月第 1 次印刷
书　　号：ISBN 978-7-5194-7398-3
定　　价：85.00 元

版权所有　　翻印必究

内容简介

本书作者在江汉大学城市研究中心的资助下,通过拜访武汉市健在的20世纪三四十年代出生的学校体育教育工作者等,溯源晚清、民国时期的武汉学校体育发展概况;结合档案资料,佐证相关溯源专家的口述历史等。并亲临晚清、民国时期创办及延续下来的各类学校校史档案馆(如武汉大学、华中师范大学、中南财经大学、武汉第四中学等)对晚清时期的武昌、汉口的学校体育发展找到彼时现代性发展的影像,从历史的情怀中还原出彼时张之洞从欧洲游历后,对新式教育的推崇,对学校体育的特别关注(德国军操),希冀新式教育能拯救晚清中国的颓势;也从历史的尴尬中体会到英国传教士杨格非留下的学校体育文化遗产。今天我们看到的不仅仅是武汉四中校史馆中的绝世照片与钟楼,还有体育的精神。四中校园操场的袁隆平雕像与四中的学子们畅快地踢球成为活着的影像,天天流传着。

序

  近代世界工业革命的变迁让闭关锁国的清政府最终在西方的枪炮声中逐渐敞开国门。在西方的现代性杀戮下，在时代的一种自下而上的民族反省中，当我们对自己的文化产生了片刻的怀疑时，西方人已经举着上帝的旗帜堂而皇之地侵入了中华古老的土地。在来不及甄别外来文化的先进性和适应性时，在如何实现民族的自我救赎的心境中，晚清被绑架上世界近代发展的列车，不管是情愿还是不情愿，历史总归是尘封在那里。

  欧洲的文艺复兴让人回归到社会的理性地位。人文主义精神的核心是以人为中心而不是以神为中心，肯定人的价值和尊严，主张人生的目的是追求现实生活中的幸福，倡导个性解放，反对愚昧迷信的神学思想，人是现实生活的创造者和主人。神与人的讨论在资本主义的词典里被利润代替，科学与自由被资本主义裹挟着，平民教育是实现资本利益的重要手段之一，所以当时一些人文学者反对封建教育和教会教育。例如，意大利人文主义教育思想家P.P.韦杰里乌斯（Pietro Paolo Vergerio），早在15世纪前夕就根据古代文献撰写了《论绅士风度和自由教育》，要求实施符合自由人的价值的教育，使受教育者获得身心的良好发展；1411年，瓜里诺·瓜里尼（Camillo-guarino Guarini）发表了普卢塔克（Plutarch）《论儿童教育》的译文；1417年，波焦·布拉乔利尼（Poggio Bracciolini）在圣加伦修道院发现了昆体良（Marcus Fabius Quintilianus）的《演说术原理》原本；1422年之后，在洛迪发现了西塞罗的《修辞》。此后，其他有关古代教育的著作或读物也相继出现。而到16世纪，不但所有关于教育方面的主要古典著作都已为人文主义学者所熟悉，一些教师、教育思想家和出版家还发表了许多探讨"新教育"的论著。他们所要培养的已不再是僧侣和神职人员，而主要是社会、政治、文艺及商业方面的活动家和冒险家。他们要求以培养身心健康、知识广博、多才多艺的新人的教育理想进行教育革新。人文主义教育思想的广泛传播，普遍冲击了封建教育制度，打破了教会对学校教育的独占，出现了多种类型的新学校，扩大了教育对象。有些人文主义教育家主持的学校除王公贵族和富商子弟外，也收容个别平民子弟。

1763年，普鲁士颁布强迫教育法令，这是义务教育的正式开端。1838年，英国宪章派在《人民宪章》中鲜明地提出了：教育应是全民的、普及的、免费的。到19世纪50年代，义务教育在欧美许多国家得到迅速发展。

人类进化的历史包含着游戏的成因。游戏是人类在拥有满足生存的物质后表达精神的一种符号文化；是生物体在不同成长阶段中的存在必需。在文艺复兴后的第一次工业革命阶段，教育在科学精神的规训后，对身体而言，不再是单纯的自然而然的无序成长，贵族阶层的礼仪文化、游戏娱乐方式、手段等下沉于教育领域，让平民阶层享有身体规训的权利。因此，义务教育阶段的身体活动类游戏伴随着操课、田径、球类等活动形式，在欧美的教育体系中以学校体育的称呼进入。因此，著作者在本书的前面用一定的篇幅分析了欧洲在文艺复兴后至第一次工业革命间的欧洲国家的教育发展及学校体育在其教育体系中的地位嬗变等。关于欧洲近代教育史中的现代性阐述，希望让读者及研究者站在一个全局的视角，来审视近代教育在晚清、民国时期对中国或某个地区（汉口、武昌）的教育影响及学校体育文化的构筑、传承等。

欧洲人在宣扬科学与民主精神的时候，在第一次工业革命的资本利益的追逐中，觊觎着古老东方大地的博物与富饶。但令人啼笑皆非的是，欧美的传教士在鸦片战争中后，却扛着教会的旗帜踏进我们的土地，宣扬所谓的"上帝"，杨格非直到离开中国，离开汉口，他带来的"上帝"在历史的潮流中被涤荡地只剩下博学校舍中的一栋牌面楼。他站在同情者的立场上走进彼时的汉口，"用中国人的思维与中国人共事"，从教堂到教会学校，他似乎想改变，但是现代性的潮流涌动着，改变的却是他本人。民国时期的博学中学（武汉四中）有位校友——袁隆平，代替了杨格非，成为这所学校的象征；他求学时使用的课桌、参加省游泳比赛的秩序册，存放在现在的武汉四中的校史馆中。

与汉口隔江而望的是武昌，晚清时候的张之洞赋予了武昌一种全新的现代性发展模式，虽然与北京、上海、天津、广州相较而言，晚清的武昌还是呈现出与近代世界现代性发展接轨的步伐，在某种意义上，晚清武昌的现代性觉悟比北京、天津似乎更加彻底。在晚清的某个时期，远赴欧洲及东渡日本的留学生中，湖北武昌的生源几乎占据全国生源的百分之七十以上。张之洞请德国和日本的军官到学堂传授"操课"，从武备学堂到自强学堂（武汉大学前身），操课作为体育课的形式，在晚清受到张之洞青睐。武昌城的现代性发展在张之洞眼里是站在一个世界的格局中，为了让教育更加国际化，武昌文华书院专门聘请美国人谭立德为体育教师，专门教授田径、足球、棒球等近代体育项目。1901年5月，汉口的博学书院与武昌的博文书院举行了第一场校际运动会，近代教育体系中的学校体育在汉口、武昌的学堂或学校里落地生根，逐渐开始发芽。

我曾经的工作单位（武汉教育学院体育系）的工作同事汪庭瑀老先生、江会生、王思连、刘惠书老教授自少年时期（民国时期）就读于汉口的博学书院、私立汉口圣若瑟女子中学等。他们被近代教育中的体育所吸引，在经历了师专的体育教育后，当上了体育教师。新中国成立后，他们作为体育教师直至20世纪90年代才退居二线。在他们的口述过程中，历史的厚重感在他们清晰的阐述中油然而生，对于民国时期近代教育中学校体育发展历程的回忆，他们从受众的角度，诠释了彼时（民国）学校体育在五育并举的境界中让孩童、少年、青年的身体在体育的游戏、竞争中蓬勃向上地发展。他们对民国时期求学经历的回顾，个体的心情始终是快乐与激动的……

在武汉市第四中学高文桥老师的安排下，我走进武汉四中（民国时称博学书院）校史馆，聆听着校史讲解员——魏志刚老师的详尽讲解，似乎看见杨格非牧师站在学校门口的牌坊旁，注视着莘莘学子走进校门，在标准的田径场上奔跑着、跳跃着；似乎又看见我们的"水稻之父"袁隆平，看着学校泳池里的青年学生，体验着海阔凭鱼跃的自由境界，好一副大江东去浪淘尽的情怀。岁月荏苒，白驹过隙，袁老已然离我们而去，留给武汉四中的殷殷嘱托就是继承理科特色、发扬英语优势、保持体育传统、创建全国名校。

百年之后的武昌城、汉口镇、汉阳郡已经融为一体，变成了如今的大武汉，教育作为城市发展的主要引擎之一，仍然为这座城市贡献着力量。回望晚清、民国时期的近代教育发展历史，我们需要留存一些记忆。鉴于此，笔者写出以下文字，供学界或有兴趣的研究者共析。

江汉大学·三角湖畔

2022 年 5 月

目 录
CONTENTS

第一章　19世纪欧洲学校体育发展变革分析 …………………… 1

一、新科学精神与旧时教育的对话 ……………………………… 1

二、文艺复兴至工业革命时期个体对身体的觉悟 ……………… 8

三、启蒙运动与第一次工业革命背景下的英、德、法、瑞典等国的学校体育教育发展变革 ……………………………………… 14

四、教育让人身体与心灵回归到本我及社会融入 ……………… 23

第二章　晚清，《天津条约》签订（1858年）前后的汉口、武昌、汉阳学校体育文化溯源分析 …………………… 35

一、传统的中华体育文化与晚清汉口、武昌、汉阳三镇教育模式的楔入 ……………………………………………………………… 37

二、晚清汉口地区商业文化的兴起和教会学校的进入 ………… 44

三、晚清张之洞在武昌、汉阳引入新式教育及其改良 ………… 60

四、晚清西方近代学校教育体制融入汉口、武昌、汉阳地区的现代性分析 ……………………………………………………… 64

1

五、从游戏到操课的学校体育萌芽发展…………………………… 73

第三章　早期奥林匹克运动发展与民国时期的汉口、武昌、汉阳地区的学校体育发展构筑……………………………… 96

一、早期奥林匹克精神在学校体育教育中的传播与促进对我们的影响………………………………………………………………… 98

二、民国时期，英国、德国近代学校体育教育模式在中国汉口形成的学校体育文化 ……………………………………………… 113

三、民国时期的武昌、汉阳学堂教育的官方改革中，引入日本、美国学校体育模式及本地化改良 …………………………… 128

四、民国时期汉口、武昌、汉阳的学校体育场地设施建设现代性评析………………………………………………………………… 141

五、晚清、民国时期的汉口、武昌、汉阳学校体育教育、教学体系构筑概述 ………………………………………………………… 152

六、民国时期的汉口、武昌、汉阳学校体育师资培训体系建立概述………………………………………………………………… 161

七、民国时期的汉口、武昌、汉阳学校体育文化的现代性比较分析………………………………………………………………… 171

参考文献 ……………………………………………………………… 188

后　记 ………………………………………………………………… 193

第一章 19世纪欧洲学校体育发展变革分析

相较于古老东方的中国而言,19世纪的欧洲大踏步地迈入资本主义社会之中。科学、教育、宗教、哲学、民族、主张(主义)等,前拥后挤着叩响了资本主义的大门。自由、民主被植入到各类教育之中,教育就理所当然地被各个国家寄予厚望。

一、新科学精神与旧时教育的对话

18世纪中期,欧洲社会在经历了宗教改革(reformation)[①]之后,走上了工业发展的时代,民主、自由的思想似乎瞬间降落在欧洲大地,导致了社会中产阶级的壮大与发展,他们携带着原始的剩余价值,推动着工业革命阔步前进,城市在不知不觉中膨胀起来。

19世纪初期,欧洲各国人民被大量的主张与主义折腾得精疲力竭。主张涉及社会与个人,主义被专制和民主左右着,教会和国家、

---

① 理查德·E.苏里文,丹尼斯·谢尔曼,约翰·B.哈里森.西方文明史(第8版)[M].赵宇峰,赵伯炜,译.海口:海南出版社,2009:12.

宗教与科学的斗争持续着，似乎成为永不停歇的轮回。教育在一种精神的诉求下，成为国家的缩影。在某些时候，宗派与党派的分裂最直接地表现为教育思想的分化。从16世纪宗教改革来看，对于未来教育的渴望，民众普遍愿意在某种程度上予以接纳。进入19世纪，欧洲各国的教育大体相似，国与国之间的教育差异存在于落后与先进之间，这也就导致了在19世纪前半叶中，每个欧洲国家都奉行一种独立于邻国的思想路线和行动路线。譬如德国国民教育方面的重大实验及其教育理论的显著成绩，同约翰·弗里德里希·赫尔巴特（Johann Friedrich Herbart）和弗里德里希·福禄倍尔（Friedrich Froebel）的名字钩织在一起，让德国的教育在欧洲独树一帜；其次，法国18世纪对教育的构想在19世纪30年代得到延续和发扬光大，杰出代表人物西根（Saguin）全面地发展了教育；在英国，个人主义代表人物托马斯·阿诺尔（Thomas Arnold）、赫伯特·斯宾塞（Herbert Spencer）等的思想左右着英国的教育脉络。

公元1806年，历时一个月的耶拿战役后，德国被拿破仑征服，公元1807年法德签署了提尔西特（Tilsit）条约。在世人都以为强大的法兰西会将普鲁士吞并的时候，德国人开始了自己的复兴之路。德国哲学家约翰·戈特利布·费希特（Johann Gottlieb Fichte）在《告德国民众书》中直抒德国的未来必须"教育领先"。他指出新教育不应当局限在所谓"有文化"的阶层内，而是应惠及全体的人民大众，并且使得所有孩童不仅要接受教育，还要受到体力训练，造就他们的自信心，更好地融入团体之中。费希特的教育学思想虽受到一定的质疑（政府层面），但后来政府任命的教育官员威廉·冯·

洪堡德（Wilhelm von Humboldt）还是将费希特作为新教育的践行者并与其一起创办了柏林大学。柏林大学的建立不只是增加一所大学而已，而是创造了一种大学教育的新概念。洪堡德认为国家不应当指望大学做关乎国家利益的事情，大学不只是为国家的目的实施诉求，而应为达到一个更高的水平无限发挥作用，提供更多有效的源泉和力量场所，而不应当只是受国家本身所支配。[①]

到福禄倍尔的时候，他将赫尔巴特的理论付诸实践。他自己开设的德国多科教育学院中的课程及教学内容涵盖了宗教、阅读、写作、算术、图画、德语、唱歌、数学、自然知识、地理、希腊语、钢琴、体育等。在福禄倍尔看来，教育归根结底就是成长的过程，人的成长必须服从两条互相补充的规则——相对的法则与相连的法则。相对的法则是一切现象的首要法则。教育是成长过程的一个特殊方面，在成长中，基本的相对物是内因和外因，即成长物的天性和其环境的矛盾。成长的过程就是通过在起初相对的事物中发现相连的成分，从而克服差异。所以相对法则的补充就是相连法则，后者能通过第三者把两个相对事物联结在一起。鉴于此，福禄倍尔认为儿童在满足基本的生理条件下，最愿意做的事情就是观察周围的环境，自发地接受这个外部世界；其次就是游戏，这是内心活动和内心生活的独立的外部表达。福禄倍尔甚至认为球是一切玩具中最具有教育价值的。球是万物统一体的象征，也是孩子天性统一的象征。当孩童拿着球的时候，球表现出的是整个世界，而不是个体；球是孩童与世界的媒介，当孩童围绕着球活动时，球带给孩童的是

[①] 鲍尔生. 德国教育[M]. 滕大春，滕大生，译. 北京：人民教育出版社，1986：186.

肌肉得到锻炼，感觉和四肢也跟着训练，注意力和独立活动能力都受到了培养。

19世纪法国教育迎来了转机，对于拿破仑时代的教育体系（教学会），人们重新认识到家庭教育的重要性。斯蒂尔（Steel）夫人的《论德国》（On Germany，1810），卡姆邦（Campa）夫人的《论教育》（On Education，1824），莱米莎夫人（Remusat）的《妇女教育》（Education of Women，1824），吉泽特（Guizot）夫人的《家庭教育》（Domestic Education，1826）和瑞士教育学家阿尔贝蒂娜·奈克·索绪尔（Albertine Necker de Saussure）的《进步教育》（Progressive Education，1836—1838）等形成了法国"伟大妇女"这份教育杂志的经典文章，其论述影响着法国教育的改革。其中阿尔贝蒂娜·奈克·索绪尔（Albertine Necker de Saussure）夫人认为从感知入手，把教育作为发展学生官能的过程，要求教育工作者在学生判断和解决问题时尽可能地发挥个体的独立性等。

法国大革命失败后，圣西门（St. Simon，1760—1825）在面对法国当时低迷的社会现状时，提出建立一个"新教"社会。"新教"社会将友爱作为生活的唯一目标。其设想是用一种工业制度代替封建制度和军事制度：这种制度将由工业界的首领领导，在精神生活方面则由科学家们给予引导。在教育界，圣西门派理论的拥趸爱德华·塞坤（Edward Seguin，1812—1880）做了最有价值的工作。圣西门本人的处世哲学是一种感觉论，塞坤接受这种哲学时，它已经和德国的唯心主义融为一体，从感觉论上升到感觉论者，塞坤也接受了卢梭的观点——感觉和运动训练在早期教育中占据着主导地位。

肌肉和感觉始终是个性的组成部分，人是一个三位一体的活标本，应该意识到自己既是一个单位，又是一个具有三重性的生命体。生命无时无刻不在感知、思考和行使意志力。教育者的首要任务是要确立和保持纯粹的器官功能。活动教育既是心理又是生理的教育过程，使得学生能准确地认识外界事物，通过行动让心理冲动从外部表现出来。其次，躯体训练之后就是智力训练。最后就是教育的关键阶段，意志训练和自我行为意识、道德思想的训练。通过上述一系列的训练，将每个学生变成社会的一员，让他们成为公共义务的承担者。通俗地讲，就是从体格强壮到智力健全这样一个有序的过程，把白痴变成好人。事实是：如果我们收不到自己所有心灵器官的振幅的话，是不能触动我们身上的纤维细胞的。

德法两国将教育国有化的时候，英国在推翻拿破仑的斗争中并未元气大伤，这使得他们在资本主义道路上前进的步伐更加坚定，新兴中产阶级和小产业主则是希望通过榨取工人的剩余价值来获得更多的利润，而教育的普及势必会让工人及童工在思想上觉悟，因此他们反对教育的国有化。就教育而言，工业革命对它的影响比法国革命对它的推动和德国与法国的国家教育为它提供的先例对它的影响更为重要。工业的极速发展让城市的人口剧增，旧的体制适应不了新的社会发展，工人云集的新兴工业城镇成了愚昧和贫苦的集散地；而工厂主和经理却不愿意通过教育等制度的改革，来改善当前的局面，因为那样，工人们对他们的依赖性就会减弱，利润就会减少。所以，资方跟土地所有者和教会联合起来，以反抗普及教育国有体制的斗争。在某种社会环境中，他们也许不能保障自身的剩余价值；他们的行为虽然使得国有教育体制改革的道路变得曲折，但是他们的行为迫使国家对国有教育体制改革的决心更加彻底。

1820年英国政府颁布了《工厂法案》《学徒健康和道德法案》。虽然这两部法案只适用于少部分童工，但毕竟是改革序幕的开端。在19世纪的初期，英国普及教育的鼓吹者罗伯特·欧文（Robert Owen, 1771—1858）在其论著《新社会观》（*A New View of Society*）中提到一切普遍性格，从坏到好，从无知到有知，都可以通过一定的方式传递到团体或者机构，甚至整个世界，但很大程度上取决于那些掌握着国家管理机构的人，由此，管理最好的国家就是那些有最好的国民教育体制的国家。因此罗伯特·欧文提倡政府在整个联合王国建立不属于任何教派的始终如一的教育体制。罗伯特·欧文在《新的道德世界》（*The New Moral World*）中就教育的实践，提出儿童从出生到二十岁分为四个阶段，最终"在体育、智育、德育"各方面都成为新一代的男女。

到19世纪中后期，英国的国家初等教育体制基本形成。就教育内在的发展问题，英国国民教育的顽固反对者赫伯特·斯宾塞（Herbert Spencer, 1820—1903）强调的是"什么知识最有价值"观点，在其《社会静力学》（*Social Statics*, 1851）与《教育论》（*Education*, 1861）两篇论文中主张教育的目的就是为完美生活做准备，个人利益与社会利益是相悖的，而多数人的利益则是最为重要的。因此，关系个人健康和幸福的学科放在教育的首要位置，而代表社会因素的文学和人文学科放在次要位置。后来乔治·考姆（George Combe, 1788—1858）在他的关于"国民教育的讲演"（Lectures on

Popular Education，1833）中也赞同赫伯特·斯宾塞的观点，而且在爱丁堡建立了一个以科学（生物学和骨相学）为主要课程的专门学校，通过专门学校的实验，强调国民教育要建立在科学基础上的论点。约翰·丁达尔（John Tyndall，1820—1893）同样认为科学教育是国民教育的基础，物理学知识应该走进教育体系之中。托马斯·赫胥黎（Thomas Huxley，1825—1895）则更加激进地主张："为了得到真正的文化，单一的科学教育与单一的文科教育一样行之有效。"① 他们无一例外地强调了科学教育对个人心能训练的重要性。

仅作为一种训练方法，科学教育似乎也的确比文科教育更能发展个人的观察能力和判断能力。但由此来摒弃文科教育，似乎要重新去证明文科教育的价值功能。托马斯·阿诺德（Thomas Arnold，1795—1842）1834年在《教育期刊》（Journal of Education）中阐述："如果把希腊文和拉丁文拒之门外，那么现在这代人的思想观念就局限在近两代人身上。至于亚里士多德、柏拉图、西塞罗和泰斯特等古代思想家、文学家就似乎变得模糊起来。他们是我们的族类，是同一个时代的人，他们的观察力被广泛地运用在超出一般人能力的范围，借助这种观察力，我们在某种程度上看到了我们自己所看不见的东西。从另外一个层面上理解，他们的思想和结论等甚至对我们的命运都产生了深远的意义。"②

19世纪后期英国的私立学校和国家公立学校朝着不同的方向发展。人们逐渐意识到阿诺德的高明之处就是组织一条"生产线"

---

① 赫胥黎.科学与教育［M］.单中惠，平波，译.北京：人民教育出版社，2005：141.
② 阿诺德.阿诺德论教育［M］.朱镜人，译.北京：人民教育出版社，2016：62.

(production line)时所展现出的才能。这条"生产线"是为了培养一种品格,而这种人才的培养正是上流社会和政府迫切要求的。

二、文艺复兴至工业革命时期个体对身体的觉悟

身体是个体认同的本源,人通过它获取人生的要义并将其传达给他人,为同一群体成员之间所共享的符号体系充当媒介。社会观念给身体在社会通用符号体系中指定了一个固定位置。不仅如此,社会观念对身体的每个部分、职能及其关系也做出了明确规定,将身体在人类社会自然环境中进行了严格定位,是社会与文化共同作用下的产物。

"哦!我们的身体仿佛一台机器,埋头研究摆弄它的你,通过别人的死才能了解它,但不要因此而伤心难过,我们的造物主以无上的智慧创造出这般卓越的用具,你应当感到欣喜。"① 达·芬奇偷偷地把人的尸体解剖后,将人类的骨骼、肌肉、系统等以解剖学的形式呈现在世人面前的时候,笼罩在欧洲社会的宗教神秘色彩似乎还未受到侵蚀,只不过世人将谴责的目光聚集在达·芬奇的身上:我们是神的子民,这难道有什么值得怀疑的吗?我们需要了解自己的身体吗?

西方个人主义的上升逐渐区分为人及身体的二元论,这种变化与宗教没有太多的直接关系,我们必须要探询的是人与身体之间的社会关系。但丁的《神曲》(1300—1318)在某种意义上是自由的宣言,从社会层面,似乎看不见,但他适度地赋予了大众公民感,

---

① 乔治·萨顿. 科学史导论[M]. 上海:三联书店,2021:589.

这种公民感，是更广泛、更纯粹的，将人放在一个大同世界的境界中。维吉尔在《地狱历险》中饱含激情地说："我的祖国是广义的世界。"即便维吉尔在《地狱历险》中质疑但丁被流放的命运，可与但丁的某种共鸣还是让我们意识到，这种融聚感给人以神启的上帝、集体和传统变成了一些形式上的规范与标准，不再以决定性的方式左右其价值观与行动。但丁作为"文艺复兴人"开始从个人信仰出发，探索其活动对世界的相对导向性。从此，个体的人生轨迹与意义都由自己来决定，而晦涩难懂的天授神意不再决定他或所在团体的命运，走出宗教，促使个人产生责任感，这种责任感或将在未来引导人类走出政治，走向民主。

第一次工业革命为欧洲迎来新世纪的曙光时，人们在习惯"神"之后，对"自身"开始产生思索，可能是第一次工业革命过程中产生了一个中产阶级。人们开始醒悟，靠神是不会获得高额的工资收入、充裕丰沛的食物等的；这一切似乎是"自身"在改变着命运。如果身体不是属于神的，那么是属于谁的呢？人又是什么呢？人之所以成为人，是因为是社会的人。如果这样来理解，身体是不是又是属于社会的呢？

从笛卡尔的二元论开始，精神（内心）与身体是分开的。虽然这一想法脱离了宗教的束缚，有点儿向社会意识靠拢；个人主义特征开始在社会中发挥独特的作用，主体对自我的封闭使身体变成一个模棱两可的实体。身体与精神虽然被分割为两个独立的部分，但是两者又由松果体统一在一起。在笛卡尔的世界里，人一边是精神，存在的唯一意义在于思考；另外一边就是身体（或躯体），简化为唯其自身的广延。在其著作《第六沉思》中，笛卡尔认为，"认识存在，除了我是一个在思维的物件外，本身也觉察不到有什么其他的东西必然属于我的本性，所以本我断言我的本质就在于我是能够思维的。说明本我是一个实体，这个实体就在于我是能够思维的。而且，虽然也许（或者不如说的确，像我将要说的那样）我有一个肉体，我与它紧密联系在一起，因为一方面我对自己有一个清楚、分明的观念，即我只是一个在思维的东西而没有广延，而另一方面，我对于肉体有一个分明的观念，即它只是一个有广延的东西而不能思维，所以肯定的是：这个我，也就是说心灵，也就是说我之所以为我的那个东西，是完全真正跟我的肉体有分别的，心灵可以没有肉体而存在。"①

西方世界把人与身体隔离使主导阶层在几十年间浑然不觉地攻击一个文化整体的方式。他们认为只存在一种文明，就是他们的文明，他们面对的，是无知、迷信与流弊的盛行，即相对于规范的偏离，为维护社会的稳定与持久，必须纠正这些偏离，推行自己的价值观。埃利亚斯（Norbert Elias）把这归结为贬低身体，身体从某种角度上不同于其化身而成的人（拥有一个身体的问题）；另外，人及其身体之间的实质同一性，人即身体。

19世纪60年代，西方人好像发现了自己真正的身体。由此衍生出的想象与实践方法借助局外的（媒介）力量被世人知晓。人类及其副本的现代生活将身体变成了某种意义上的"第二自我"。健康与塑形得到公众的关注，人们从形体训练、塑身课程、美容术、马拉

---

① 笛卡尔. 第一哲学沉思集 [M]. 庞景仁，译. 北京：商务印书馆，2011.

松、慢跑、帆船、攀岩、探险等活动中让身体得到体验。作为"个人化因素"的身体同时也是承载着差异特点的符号特征，以配角形象示人。身体变成了人的附属品，变成了他人关注的首要目标，好像外在表现出来的形象远比内在重要得多。

如何拯救人类的败坏状况，依循前文的探讨，无疑有两条道路，一条就是使人类返回自然的自足状态，另外一条就是在社会状态下探寻可能性的解救方案。相较于社会状态，卢梭更加欣赏人类在自然状态中的处境，人类在自然状态中，自足、安详，过着一种自由地与其他个体无涉的生活。但是，正如上文的分析，人类一旦走出自然状态，就再也回不去了，这种难以回转的原因主要有二：其一，依托于风尚习俗，人们过着一种败坏羞耻的生活而不自知，沉浸于当下社会中的种种成见而自足，表面的浮夸就可引致人们的快乐容貌，本质上这是处于败坏之中而不自觉；其二，自然状态本身所具有不稳定性与不可持续性，也就是说人类不可能永远处于原初的平衡状态，这种平衡状态被打破的必然性在于人自身的自我完善能力，凭借人类的自我完善能力，在各种偶然性因素的影响下，人类最终必然走出自然状态，走向社会政治状态。

卢梭最终提供的解决方案是：社会作为身体败坏的本身，注定了身体的拯救不在于社会，社会必须被超越，但不是朝着人的最高目的的方向，而是朝向过去，走向人类的初始时期。自然状态作为一种积极的标准，衡量着人类被解救的程度。但是他也承认，人类一旦在一系列的偶然因素的促使下，离开了自然状态，就难以回到原初状态了，最终只能最大限度地接近自然状态。而如何才能使人类的身体在败坏之中最大可能地走向自然状态呢？作为拯救的手段，教育之路最终成为卢梭的论述所紧紧围绕的核心——从教育的层面发展体育①，而这一思想的核心，无疑成为《爱弥儿》前三卷的重点，这也是马斯特②为什么在此强调《爱弥儿》这部论教育的著作有比政府理论重要得多的地位。

依据爱弥儿的整个受教育过程，可以将其分为自然的教育和人的教育两个阶段。从自然的教育（《爱弥儿》1—3卷）到人的教育（《爱弥儿》4—5卷），这个转变过程并不是有序无缝的连接，人的教育（道德的教育）必须以自然的教育为基础，自然的教育必须通过"自然必然性"的保存来限定身体和心理的发育程度，造就一个自足的个体来承担人的第二次降生，为爱欲的来临保留好内在的尺度。也就是说，爱弥儿的教育必须依身体和心智的自然发育次序而展开。为了保护爱弥儿这个"天才"，卢梭首先把"身体—感觉教育"作为儿童时期教育的重点，按照身体发展的内在自然秩序，这一阶段的教育任务是把爱弥儿培养成一个拥有健康体魄、敏锐感觉的人，因为身体的健壮和敏锐是滋养智慧的基础。"如果你想培养你的学生的智慧，就应当先培养他的智慧所支配的体力，不断地锻炼他的身体，使他健壮起来，以便他长得既聪慧又理性，能干活，能办事，能跑，能叫，能不停地活动，能凭他的精力做人，能凭他的理性做人。"为此，身体的官能教育可以从以下两个方面加以理解。

---

① 郭可雷,平杰.论教育中的体育和体育中的教育 [J].体育学刊,2016,23（1）：104-108.
② 马斯特.卢梭的政治哲学 [M].胡兴建,黄涛,王玉峰,译.上海：华东师范大学出版社,2013：258.

首先，尊重孩子的自由意志。卢梭始终强调人体机能的自然发展对孩子的整个教育构成有重要意义，在儿童时期，教育者必须注意孩子身体的锻炼和磨砺，孩子的身体必须强壮，才能听从精神的支配，才不会受精神的奴役。为了使孩子的身体能够遵循其自身的内在尺度发展，而不是人为地加强干预和摆弄，在官能的体育教育过程中首先必须遵循孩子自己的自然天赋和自由意志："我看见雪地上有几个淘气的小鬼在那里玩，他们的皮肤都冻紫了，手指头也冻得不那么灵活了。只要他们愿意，就可以去感受温度，可是他们不去，而你硬要他们去的话，也许他们觉得你这种强迫的做法比寒冷还难受一百倍……我给他以锻炼，使他能抵抗他将来所必然遭受的灾难。"给予孩子适度的自由，而不能人为地增加藩篱和设置边界，人为地改变孩子的天性，这是因为"大自然是有增强孩子的身体和使之成长的办法的，我们绝不能违反它的办法"。孩子该玩耍的时候或者他自己想要放纵自己身体的时候，不要人为地设置阻碍，由于其自身的体力和精力的限制，他必不能突破自然必然性的限制，"经验和体力的柔弱，对他来说就是法规"。当孩子在雪地上玩耍时，如果强行地按照教育者的意志阻止他们的玩耍，保护孩子不去面对"他们情愿忍受的轻微痛苦"，结果是他们对丁这种强迫的感受比寒冷还难受。这种强迫的最终结果在于改变孩子本身的"物的依赖"，人为设置议程，在孩子身上强加了"人的依赖"，最终从自然的自由走向了社会的奴役。

其次，注重体育教育的全面性。相较于传统的体育观念——把体育教育作为一种简单的身体锻炼，卢梭更加重视体育教育过程中的复杂性，不仅仅把人的触觉、视觉、听觉、观念等看成是人体自然发育的过程，而且要重视体育锻炼过程中对各种官能的锻炼："有一些运动纯粹是自然的和机械的，可以用来增强体质，但不能促使我们去进行判断，这些运动是游泳、跑、跳、抽陀螺和扔石块；所有这些运动都是很有意义的，但是，我们是不是只有两只胳膊和两条腿呢？我们不是有眼睛和耳朵么……所以，不只是要锻炼体力，而且要锻炼所有一切指挥体力的感官，要使每一种感官都各尽其用……要学会测量、计算、称重和比较。"我们可以看到卢梭对体育教育理解的两重含义：第一种就是我们惯常所理解的体力教育，增强孩子的体力，培育其充沛的气力和旺盛的精力；第二种则是锻炼我们所有的指挥官能的感官，视觉、听觉的锻炼在孩子的体育教育过程中同样重要。卢梭在著作中指明了众多的锻炼儿童视觉、听觉等感官的方法，而这些方法中最重要的就是游戏，通过游戏不仅可以改变人为的强制，还可以增进孩子参与锻炼的乐趣。在卢梭那里，游戏才是大自然给予他们使一切活动能舒展自如的办法，使他们的娱乐变成了更有趣味的艺术。

三、启蒙运动与第一次工业革命背景下的英、德、法、瑞典等国的学校体育教育发展变革

启蒙运动是第一次工业革命前的欧洲社会自我（宗教与国家、公民之间）救赎的年代，是继文艺复兴之后的反封建的思想解放运动。在法国，理性之光①被点燃，并逐渐扩散，覆盖全欧洲；在自然科学、哲学、伦理学、政治学、经济学、历史学、文学、教育学等领域，人们重新认识并架构出新的价值体系，继而驱散笼罩在欧洲上空的愚昧的黑暗，为欧洲的第一次工业革命提供了发展的空间。近代教育的变革在第一次工业革命的轰鸣机器声中迈开步伐，阔步前行。

教育对身体而言，教育家、哲学家们将"体育"这个词楔入其中；从过程到结果，他们在认识上，摒弃唯心思想，客观地论述其价值。早在文艺复兴时期，培根（Francis Bacon）在谈到体育时就认为：广义而言，增加身体的活动力，或养成身体的耐受力，都包含其中。活动力分为健力，敏捷。这方面的有关技能，练习的人居多，而研究其理论的则较少。究其因，是因为奥林匹克竞赛不存在了吗？②进入到18世纪，亚当·斯密（Adam Smith）举例古代希腊各共和国在国家官吏指导下，学习体操和音乐。体操的用意在于强健肉体，尖锐勇气，养成堪耐战时疲劳和危险的能力。③黑格尔在《历史哲学》中写道："但是在另外一些方面人类又用'自然'来作装饰，把它仅仅当作财富和人类自己制造的东西的一种标志。具有这样的作用的装饰在荷马时代的希腊人里面已经十分发达。野蛮人和文明人固然都要装饰他们自己，但是野蛮人以装饰自己为满足，

---

① 安托万·弗朗索瓦·莫莫罗（Antoine-FrançoisMomoro，1756—1794年）是更具哲学意义的支持者之一。在他的手中，首都的"理性崇拜"显然是以人为本的。它的目标是通过实现真理和自由来完善人类，其指导原则是理性的行使。它以传统宗教的方式鼓励集会朝拜和虔诚奉献的行为达到理性的埋想。在对埋性的理性尊重与对偶像的崇敬之间，总是要进行仔细地区分。
② 培根. 崇学论［M］. 关琪桐，译. 北京：商务印书馆，1938：153-154.
③ 亚当·斯密. 国富论［M］. 郭大力，王亚南，译. 北京：商务印书馆，1979：323.

那就是说他们的身体要用一种外在的附加物来讨人喜欢。但是装饰的本性是要美化另外一种东西，就是人类的身体。在人体中人类直接发现自己，人类要把身体改造得同他改造一般'自然的东西'一样。所以最重要的精神的兴趣，便是要把身体发展为'意志'的一个完善的器官——这一种伶俐一方面可以作为达到其他目的的工具；而在另外一方面，它自身便是一个目的。"①

黑格尔的这段论述非常重要，重要到体育从此得以真正被解释。没有这里的论述，庞大而复杂的体育现象则依旧是个麻团——"剪不断理还乱"。但是，有了一种"精神"，这个麻团再乱都可得以解析。这里黑格尔为我们提供了线索。他的线索就是"人类又用'自然'来作装饰"。动物因为不会"琢磨自然"，于是也就不会有这种"装饰"的能力。人类为什么要装饰自己？不装饰自己难道就不行吗？这是美的发生学问题，其本质应该是人在自然中是否确立了自己的位置。正是因为人类可以通过"精神"的途径来"琢磨自然"，于是人类必然反过来要用"自然"来"装饰"自己。只有自然的东西被装饰在了"琢磨自然"的"人"身上，自然才会真正变成人类的财富，自然才会真正处于被人类支配的位置。再不是那样的"强有力"，即使是"强有力"，它也在人类面前成了"装饰"，从而人类无论如何都比自然更加"强有力"。

在法国，雷佩尔提（Lepelletier，1758—1793）受卢梭的影响，认为教育的目的是把儿童培养成身体健壮、热爱劳动、遵守法律和具有文化知识的共和国公民。实施的形式就是"国民教育之家"，

---

① 黑格尔. 历史哲学 [M]. 王造时, 译. 北京: 商务印书馆, 1963: 286-288.

5~12岁的儿童都必须进入"国民教育之家"① 接受教育，国家免费供应食物和衣物，这项规定带有一定的强制性。就体育教育而言，雷佩尔提提倡古代斯巴达式的锻炼主义；儿童必须参加体育运动和军事训练，使身体健康，并且通过劳动教育强化他们吃苦耐劳的品质等。

瑞典体操在民国时期的汉译中，有的是译成林氏体操。瑞典人Peh. Henrik. Ling（1776—1839）在19世纪初建立了身体文化和身体练习体系。瑞典体操体系的创建正是建立在古茨姆兹体操基础之上的。尽管在19世纪初，由于拿破仑帝国和沙俄帝国的侵略扩张，使得位于斯堪的纳维亚半岛的瑞典处于危险的境地，出于保卫祖国的需要，瑞典较早地发展了体操，但是瑞典体操的兴盛与林氏的业绩是分不开的。

Peh. Henrik. Ling于1799年至1804年在哥本哈根（Copenhagen）逗留的时间是决定其命运的一段时间，因为他在那里学会了击剑，在F. Nachtigall那里接触到了受到古茨姆兹影响的体操。林氏将瑞典体操区分成四个方向：教育的（pedagogical）、军事的（milt）、医疗的（medical）和美学的（aesthetical）。最有影响力的是在19世纪形成了军事体操（military gymnastics）和康复体操（rehabilitation gymnastics）。康复体操按照现在的术语应该称之为物理疗法，简称为理疗。教育体操是使身体的各部分获得协调；军事体操旨在使士兵协调、熟练地使用武器；医疗体操是为了矫正身体某部分的缺陷，恢复其本来的协调功能；美学体操是为了使思想感情（精神）同身体

---

① 曹孚. 外国教育史［M］. 北京：人民教育出版社，1979：147.

之间保持协调。在这四类中，最具特色的是教育体操和医疗体操。林氏对解剖学、生理学和体操理论进行过长期研究，并运用这些知识使这两类体操具有科学性。为了在实践中更好地发挥作用，他还添置了栅栏、瑞典栏、跳箱、平均台等器械。他还接收各个年龄层次身体上有缺陷的人，为他们进行理疗，推行医疗体操。

将体育作为一门课程设置到教育体系中是在1774年，德国教育家巴泽多[①]（Johann Bernhard Basedow, 1723—1790）在德绍（Dessau）自己创办的博爱学校中进行实践。他将古希腊体操、传统骑士项目和民间游戏等融合在一起，根据孩童的身体发展，创造了著名的"德绍五项"体操：跑步、跳高、攀爬、平衡和负重等教学手段或形式。并根据学生的年龄等特点，采取分组教学。巴泽多的体育教育观的主线是"身体健壮是幸福的人之第一要素"，它贯穿了课程设置、教学方法、教育内容等。

他认为教育的目的在于培养幸福、健康、对社会有用和能促进人类幸福的人，因而他主张对儿童应有仁爱之心，用广泛的方法去阻止儿童学习无用的东西，减少儿童学习时的痛苦。他的这些主张见于《实践哲学》等书中，他认为教育的目的是培养"现代的有用的幸福的人"。"现代的"思想是与夸美纽斯及洛克的思想相同的，而所谓"有用的人"，是指富有爱国心而且对一般人类有贡献的人。"幸福的人"是指身体健壮，有真才实学而且具有乐天思想的人。那么这个教育目的是使儿童成为一个有用的爱国公民，为向幸福的生

---

① 邵伟德，田法宾，李启迪. 巴泽多体育教育思想研究[J]. 山东体育科技，2013, 35(6)：80-84.

活前进而制定的。他认为国家的幸福与人民的幸福是不可分离的，此种幸福惟依赖公众的道义心，而公众的道义心则又惟依赖教育，故公共教育是为国家谋幸福的最有用而且最实际的一种手段。教育应以增进现世最大幸福为其最高目的，因而必须使受教育者的身心得到全面发展，从而成为对社会有用的人。巴泽多还认为，体育是身心发展的自然的也是必然的基础，应对其非常重视才是。具体做法上主张穿对健康有益的衣服，讲究饮食，选择恰当住所，鼓励儿童多进行户外活动。凡是寄宿制学生均需接受军事训练，其目的在于锻炼身体，并每天进行2~3公里的远足。

在巴泽多去世三年后（1793年），他所创办的博爱学校难以为继，但是其教育理念却在整个欧洲蔓延开来。从美尔库里亚里斯的《体操术》到巴泽多的"德绍五项"的形成，标志着学校体育内容的初步体系化；同时也促进了体育教师的专门化，"体育教师"一词在德绍由此出现。

巴泽多去世后，德国博爱派教育家萨尔茨曼（G. G. Salzmann，1744—1811）与其继任者古茨穆斯（Johann Christoph Friedrich Guts Muths，1759—1839）[①]在施涅芬塔尔的博爱学校通过实践使学校体育朝着科学理论的道路迈进。尤其是古茨穆斯第一个指出了体操和劳动的异同："任何手工劳动虽然都有锻炼身体的作用，然而劳动并不因此同体操等值，因为劳动的客体与劳动者本人无关，而体操则

---

① 古茨穆斯，近代体育之父，德国人，在施涅芬塔尔博爱学校教授体育课程。在任教期间完成了一系列著作，其中以《青年体操》和《游戏》影响最大。他的理论和实践为德国、瑞典、丹麦等国家的体操体系奠定了基础。他使学校体育彻底改变了以前的贵族性质，解决了大工业对提高大批劳动者身体素质的需要。

针对体操者本人。人们从事这一活动不是为了庸俗的消遣，而是为了增进自己的健康。"古茨穆斯也看到，"经合理安排的劳动在某种程度上也可改善身体状况，它也正因如此而成为体操的一个组成部分。"并且，古茨穆斯搜集了古代希腊、罗马、德意志的运动项目和民间游戏，并将它们用于体操实践中。因此，古茨穆斯的体操同古代和当时流行的运动形式有很密切的联系，古代体育项目在他的体操体系中是按现代理论组织的。他按4个分类原理使其体系化：运动目的、运动性质、运动解剖学特征和运动类型。他认为按目的分类虽然重要，但不实用；按运动性质分类只是表面的、机械的合理分类；按解剖分类虽然在本质上有益，但指导者不能完全掌握。只有按运动类型分类最自然，对体育教学最有益。

按照这样的方法，古茨穆斯把体操教材分为3类：以身体形成为目的的活动即基本运动、手工劳动和青少年游戏。基本运动内容包括以下八项：

1. 跑：主要分快跑和持续跑，越野跑也是内容之一。

2. 跳：分徒手跳和撑竿跳两大类，这两类又包括跳高、跳远、由高处向下跳、跳高和跳远相结合的跳跃，以及由高处向下跳远的跳跃5项。

3. 投掷：分投高、投远和投准3种，投掷器材是石块、投枪和铁饼。

4. 角力：也分两种，一种为互相推搡的角力，另一种是施涅芬塔尔学校采用的角力。后一种角力又包括互抢、互摔、将对手拖出场外或将其摔倒在地等比赛形式。

5. 悬垂：采用木梯和吊绳进行的攀、悬运动。

6. 平衡：有保持身体平衡和物体平衡两类。前者包括单手、单脚支撑动作和平衡木、秋千、竹马、绳梯等活动，后者是在手掌或手指上竖立3.65米长的木棒游戏。

7. 搬、举重物，倒立，拔河，跳绳和滚翻：拔河是一对一或二对二的对抗性游戏，跳绳有跳长绳和短绳两种。

8. 舞蹈、步行和兵士运动：他排除了庸俗的流行舞蹈；步行的姿势是挺胸抬头，步伐矫健，轻快敏捷，双臂自然摆动；兵士运动即所谓秩序运动，主要是队列训练。

在教学法方面，古茨穆斯主张采用自然的方法，即适合儿童、学生发展的方法和尊重学生自觉性的方法。他十分重视身教和个别指导，还根据学生的能力采用了分类指导的方法。他的著作中还提到了小组循环学习的教学组织方式，后来被付诸实施。古兹姆斯认识到体操的真正理论是建立在生理学基础上的，因而他为自己未能按照这个原则对运动进行分类而感到不安。但他的原则后来被瑞典体操等流派采纳。

随着第一次工业革命的发展，欧洲各个国家的国民教育问题受到各国政府的重视，资本主义的全球扩张，对教育的话语权逐渐从教会手中被各国政府所控制。进入到19世纪，欧洲各国掀起了国民教育改革的浪潮，体操慢慢演化为体育，进入到学校教育之中。19世纪前十年，丹麦政府就规定中小学男生必修体操，对体育场地设施和体育教师都作出了相应的要求等；其后瑞典和普鲁士在初等教育过程中，也将体操纳入学校的教育体系之中。

法国在普法战争结束后,意识到学校体育的重要性,先后在1872年、1880年、1887年、1905年的法律中规定各类学校开设体育课。体育课进入到英国学校较早,但直到1885年才被列为必修课。真正让英国人认识到学校体育的重要性是因为第二次布尔战争[①]结束后,英国国民体质的退化引起了官方的注意。在经过"英国军队考察团"和"英国各部门研究体力衰退问题委员会"的实践调研后,一致认为英国应设立和保护体育场地和设施,培养体育教师等,体育课被列为中小学的必修课程等。

18世纪末,巴泽多在创办博爱学校的过程中就意识到体育教师的问题,当时解决的办法就是将穷人的孩子培养成教师。19世纪初,丹麦、瑞典、德国和法国等国家逐渐出现了培养体操师资的专门学校,但仍不能满足社会的需求;部队中体操水平优异的士兵或军官、职业运动员,甚至看守体育场馆的门卫等都来充当体育教师的角色。到了19世纪中叶,欧洲各国意识到学校体育的发展与体育教师的培养密不可分,由此纷纷成立体育师范学院,来解决本国的体育师资问题。

早期各国体育师资培养学制差异较大,为1~4年不等,课程设置不尽相同。较为系统科学的应该是美国。美国的体育师范学院课程设置除了身体术科练习外,还设置有化学、物理学、生理学、解剖学、骨骼肌肉学、动物学、组织学、比较解剖学、心理学、体育卫生学、急救术、辩论术等学科。美国的体育师范学院的建设与萨

---

① 布尔战争是英国与南非布尔人建立的共和国之间的战争,第二次布尔战争发生在1899年至1902年。

特金、海明威夫人有着一定的关系。

四、教育让人的身体与心灵回归到本我及社会融入

19世纪是资本主义发展的上升阶段，这一阶段欧洲各国的教育由古典主义教育向近现代教育转换。两种教育制度的转换并非一气呵成，在以宗教主导的欧洲人的价值观中，自然科学的力量只能是慢慢地与宗教做斗争。

在强调人的自我过程里，"民主"一词成为现代教育制度构筑的基本内容之一。它通过对自然表象的不断揭示，表达出人与自然的静谧之美。赫胥黎与斯宾塞用自身的科学知识和参与科学实践的真知灼见，并且在达尔文的《物种起源》和卢梭的《爱弥儿》影响下，构筑出现代教育的基本蓝图。杜威则用毕生的精力诠释、完善着现代教育的基本蓝图。时至今日，我们的教育制度仍旧保留着这些伟大教育家的思想痕迹。

体育作为现代教育的重要组成部分，被融合到学校教育里，其所展示出的价值、功能在欧美诸国、亚洲的日本等国的教育界中得到了实践的检验和最终的认可。校园体育文化的元素成为这些国家教育制度下的一个亮丽特色，因此受到各国教育界的青睐。受我国传统文化、价值观念的影响，在认识体育与人的发展过程中，我们看见或听见了欧美教育先驱的前瞻话语，但是在实践的过程中，体育的价值功能却不自觉地被自己的文化价值观所湮没。在今天，我们重又思索、探析欧美现代教育伟人的思想轨迹，这对我们重新认识体育与人的关系是有帮助的。

（一）体育的存在

体育是什么呢？将各类的解释搁置在一边，我们能看见体育吗？我们看得见的体育可以与我们的身体联系在一起吗？面对疑问，我们只能是拨开人与社会的关系，细细思量。

体育在人类的发展史中，是最先构筑人类延续自己生存的一种教育方式。早在语言和文字出现之前，人类所面临的首要问题就是存活下来。生存需要从自然中获取食物，在获取食物的过程中，人类面临的问题是怎样取得食物，而不被自然伤害。这就要求人必须强化自身的自然能力（奔跑、跳跃、投掷等），以求在获取食物的能力上比别的动物更加高超。此外，在发生群体性瘟疫、病毒侵害的情况下，存活下来的人，都是身体比较强壮的劳力。从获取和保护的角度分析，不论是母系社会还是父系社会，食物优先供给能创造出更多食物的强壮年轻人。因此，在原始社会，生存技巧的教育就与身体的教育息息相关（如跑步的速度、攀爬能力、投掷的精准性等）。此类教育在族群中比较容易被个体所接收，逐渐成为当时的教育主流。通过研究各国出土的考古资料，也基本上反映出原始社会的基础教育是围绕着身体进行的教育。

从氏族到奴隶社会，围绕着土地、水源等自然资源进行争夺；并且随着社会成员的分工，反映社会分工的各类教育开始应运而生。身体的教育被转换成与战争有关的军事训练。士兵被强化成使用兵器参与格斗的工具，这种目的性极强的军事教育体制一直延续至今。在语言、文字出现之后，教育由口授身传转而成为由专门职业教师

第一章 19世纪欧洲学校体育发展变革分析

来实施的一项社会工作。有了专门的条件、设施等，教育有了需要付出经济物资的前提条件；因此，不是所有的庶民都可以享受的。柏拉图的《理想国》是奴隶主阶级的教育蓝图，培养出来的是统治广大奴隶的哲学王。这样，除了军事教育中有专门的身体教育，有关身体的教育，只能是回归到自然之中。在人类参与的各种劳作活动中就包含着身体能力的扩张（如挑、驮、扛、提、拉、推等）。这种能力的体现以劳动的方式释放出来，被人类学家归纳为社会行为习惯[1]，虽然行为习惯逐渐成为行为规矩[2]，但是其外相（譬如搬运工展示自己健壮的背阔肌、胸大肌、肱二头肌等）可以单独理解为体育的结果。

封建社会国家的出现，预示着阶级的分层更加明显。教育朝着两个极端演进，体现贵族的专权教育成为平民可望而不可即的梦想；而国家需要更多的士民来管理，分担其国家的责任，那么就需要有一种教育来培养这种人才。在我们看来就是社会的精英教育。这种教育面向平民，但是能够走到精英教育的顶端者，却是寥寥无几。体育出现在专权教育中，被形容为体育性狩猎[3]，而平民能够享受的是人类体质[4]构筑的权利。在国家、朝代更迭的岁月中，体育的功能伴随着人的行为活动不断张扬着，我们或看见或看不见，但是人类留下的尸骨里，进化的脚步告诉后人，人的身体从不适应自然到适应了自然的生存法则，再到超越自我，不仅仅是人的大脑思考的作

---

[1] 赫伯特·斯宾塞. 教育论 [M]. 胡毅, 译. 北京：人民教育出版社, 1962.
[2] 覃光广, 等. 文化学辞典 [M]. 北京：中央民族学院出版社, 1988：351.
[3] 邱丕相, 国民, 戴国斌. 中国武术套路的文化解析 [J]. 体育科学, 2007 (12)：10-12.
[4] 朱泓. 体质人类学 [M]. 北京：高等教育出版社, 2005：134-156.

用,更是人的某些"体育行为"的进化体现。

资本积累到一定程度的时候,社会"闲散"人员的范围逐渐扩大,当体力劳动被机器或机器人代替的时候,体育似乎成了休闲品。人的创造力不断揭示着自然的奥秘,改造着自我,医学的发达成为延长人寿命的捷径。卢梭的《爱弥儿》试图想告诉人们新的道德、伦理、价值体系,但是缺乏实证的构想让人们看到的却是海市蜃楼;人可以肆意地改造我们的身体,对于身体的认识,我们不再是体质上的健康,而是需要更多的刺激。这种刺激来自味觉的感官、精神的撕裂、短暂的心灵窒息等。我们好像忘记了身体的存在,肉体漂浮在我们的灵魂之外,被肆意地破坏。体育成为职业人(运动员)做的事情,被当作国家的符号象征、商人的产品。而道德在利益面前,已经看不见体育真实的面目。只有教育,在那里苟延残喘地呼喊着体育的精神,揭示着体育的价值。但是,教育被利益化之后,人们向教育索取的只有结果,不论素质教育还是应试教育,体育只是作为结果被控制着。

(二)赫胥黎、斯宾塞与杜威的自然性教育思想解读

19世纪,科学技术随着航海、铁路、矿山、化工、纺织、钢铁等行业的运用而飞速发展时,许多欧洲国家把追逐自然科学技术当作一种潮流,当他们的思想家、教育家回过头再来审视自己本国的教育制度的时候,发现当时的教育远远不能适应本国社会的发展需求。因此,在古典主义教育占据着社会主流教育的同时,一批哲学家、社会学家、教育家开始探索新的教育模式,以适应社会发展的需要。在英国以赫

胥黎（Thomas Henry Huxley，1825—1895）、斯宾塞（Herbert Spencer，1820—1903）为首的教育家提出了符合自然发展的新的教育理念。这种教育思想主要是针对古典主义教育的批判。

在赫胥黎看来，传统的古典教育"华而不实"，不能从现实出发，使得个体为参加实际生活做好准备[①]。大学不仅不鼓励有创新精神的人，而且大学教育总是脱离受教育的那些人的心智，总是脱离他们的心愿，而让他们做他们不想做的事情。因此，对于那些想在自然科学领域有所作为的人来说，古典教育，是一个错误的选择。

从西方教育发展史来看，早在古希腊时期就已有"自由教育"的概念。这里的自由是指特权阶级，而非针对全体公民。这里的自由教育与文学的教育息息相关，在赫胥黎的思想中，把一个孩子的青少年时光全部花在学习拉丁文和希腊文法的规则上，是非常不值得，他的价值是一文不值的。因此在《在哪里能找到一种自由教育》一文中，他明确指出："自由教育就是在自然规律方面的智能训练，这种训练不仅包括了各种事物以及它们的力量，而且也包括了人类以及他们的各个方面，还包括了把感情和意志转化成与那些规律协调一致的真诚热爱的愿望。"[②] 从此文里，我们可以感受到赫胥黎强调的自由教育是多方面的，不仅包括了智力训练，而且还包括了身体、道德和审美方面的训练。他的赋予新意的自由教育是建立在当时社会愈来愈强烈的竞争之上的。在竞争中获得成功的唯一可能就是要求公民具有实践的知识和技能，对生活的热情、活力和诚

[①] 赫胥黎. 科学与教育［M］. 单中惠，平波，译. 北京：人民教育出版社，2005：251.
[②] 赫胥黎. 科学与教育［M］. 单中惠，平波，译. 北京：人民教育出版社，2005：425.

实的品质，以最为重要的就是人的健康与强壮的身体。

回到自由教育的具体内容之中，赫胥黎认为自由教育必须包括：第一，体育锻炼和操练；第二，家政教育；第三，智力训练；第四，伦理学和神学教育。在实践过程中，赫胥黎强调指出，要求学生不仅要从文字中，而且还要从事实中去探究真理；对事物的彻底了解比粗知更为重要。很显然，赫胥黎是从达尔文《进化论》的角度阐述了教育的自然特征，受《进化论》的影响，在关于大学教育、职业教育等方面，他比较倾向于对科学教育的重视。教育如同动植物生长一般，必须符合其自身的自然规律，要有循序渐进的过程，在事物发展的某一阶段，必须尊重其自然规律，合理地加以施教。

作为科学教育的宣扬斗士，赫胥黎经常与另外一位斗士斯宾塞一起探讨如何改革英国的教育现状。对教育现状的针砭，斯宾塞在《教育论》的《什么知识最有价值？》中就直言不讳地提出，目前的英国教育课程体系中必须加强科学和数学课程教育。《什么知识最有价值？》对英国及世界各国教育改革起到了积极的作用，而且这种作用的延续性对今天的教育还有其内在的影响。但是其教育目的的概念较为模糊，斯宾塞把幸福作为教育的终极目标，但幸福是一个比较特殊的概念，作为一个可行的教育目的，就存在问题①。对于科学的含义，斯宾塞认为唯一有价值的知识就是科学。这种论断，在今天看来，似乎有些狭隘。具体到教育本身，斯宾塞从智育、德育和体育方面来阐述自己的论点。关于智育，斯宾塞强调对儿童的教育

---

① 赫伯特·斯宾塞. 教育论：智育、德育和体育 [M]. 王占奎，译. 北京：中国轻工业出版社，2016.

必须重视演说，要求学习必须是愉快的、学习的过程要重视儿童自我的发现。对于德育，斯宾塞认为对儿童的惩戒应采用自然后果的原理。在此，"自然后果"原理受卢梭《爱弥儿》的影响，主观上是指要对儿童惩戒做到通情达理，实则在操作过程中忽视了弱者的存在①。斯宾塞对于体育的认识是建立在达尔文《进化论》的基础之上的，从自然的角度，怎样来维护健康；怎样从制度上符合科学的认识，而达到身体的健康。赫胥黎、斯宾塞的有关体育的这些论点，后面我们会再细述。虽然斯宾塞的思想被大洋彼岸的美国教育家杜威（John Dewey，1859—1952）推崇，但是杜威对现代教育认识的自然性似乎更加彻底。

　　杜威出生的年代，正是欧洲大陆工业革命的高潮时期，科学技术的发展第一次压倒宗教或神学，成为社会的主流。在此背景下，欧洲大陆的教育也如火如荼地进行着改革，此次教育改革从自然科学的角度，来审视国家的教育制度下对人才的培养，具有一定的时代性。而反观大洋彼岸的美国，在经历南北战争的沧桑之后，教育还是沉寂在17世纪殖民时期加尔文派教义的固执之中。直到19世纪70年代，美国重建之路才将教育的发展转向对欧洲比较先进的德国学习。

　　就杜威个人的成长经历而言，在青少年时代，学校里的杜威并没能证明自己的特别之处。在青少年时期从事过的社会活动（如送报纸、干杂活、垦荒地、修水渠等）仅仅成为他在课堂之外的广大乡村活动中获得的一点重要教育而已。即便是大学的经历，杜威也

---

① 赫伯特·斯宾塞. 教育论：智育、德育和体育 [M]. 王占奎，译. 北京：中国轻工业出版社，2016.

只是在课外活动和广泛阅读中得到了一些可贵的启发。在这里，笔者为什么要花费一定的笔墨复述杜威的生平呢？在笔者看来，人的思想不是凭空而来，必与其生活经历有关。因此，生活阅历加上对科学知识的孜孜追求，才形成了杜威的教育思想，也因此造就了杜威的《民主主义与教育》。此部恢宏巨作提出的口号就是"学校即社会"，以参加现实生活为媒介，让儿童在活动中学习，儿童不但兴趣盎然，而且能活学活用。适当的办法就是使学校具有适合儿童生活、生长的环境，使儿童生活、生长于其中，借以扩充经验的数量和提高经验的效用。教育在此的目的就是获得更多和更好的教育。教育并不是在其本身之外附加什么目的，使教育成为这种外在目的的附属物。生长和生活永远前进，在其扩充、提高、更新、重组的过程中，儿童和青少年逐步成长而终于成为社会的合格成员。杜威的教育目的论也被其他学者称之为"教育无目的论"。虽然存在诸多的争议，但杜威仍旧坚持自己的理论。实际上，杜威的教育是有目的的，祁尔德说那就是"民主的生活方式"和"科学的思想方法"。就教学论而言，杜威倡议说"从做中学"是他从哲学的认识论做出的推论，也是他从教育实践中得出的结论。当杜威把自己的教育主张归结为"现代教育"，并使用实用主义的思想工具对欧洲"传统教育"展开批判的时候，美国教育史的发展却表明：欧洲教育对美国教育的影响在教育思想方面的体现比其他任何方面都要深刻得多，也持久得多。尽管杜威否认他的教育思想来源于卢梭或福禄培尔[①]，但是"个人作为时代的产儿，不是站在他的时代以外，他只在他自

[①] 杜威. 杜威传[M]. 单中惠, 编译. 合肥：安徽教育出版社, 1987：181.

己的特殊形势下表现这时代的实质——这也就是他自己的本质。没有人能够真正地超出他的时代，正如没有人能够超出他的皮肤"[1]。在今天，我们用辩证的方法来剖析杜威的教育思想，但在当时的美国，或者说现今的美国，在教育领域里，还保留着杜威的某些基本教育思想。有关体育，美国的教育在效仿或者说汲取欧洲的教育改革经验中，就关注到体育在教育中的发展地位；杜威的"教育即生活"理念，就诠释了孩童要在自然之中，和谐地与自然融为一体。因此美国在其自身的教育制度中明确将体育的发展放在智育和德育的前面，因为在美国人看来，没有身体的思想是徒劳的，是经不起历史的考究的。

（三）体育让人成为人

达尔文的《物种起源》核心的旨意之一就是"物竞天择"。看似是"天择"，实质上是自然的力量在左右着物种的发展，如果说物种不能在某种层面上摆脱对自然的依赖与控制，那么该物种的存在就势必受到威胁。在赫胥黎看来，物种的延续需要有健康、强壮的躯壳，这是物种存在的必备条件之一（可以说是前提）。作为一种科学思想，将此引入到现代教育之中，赫胥黎就在他的自由教育的具体实施的内容中，率先提出：体育锻炼和操练是现代教育的主要内容之一。不论是公立学校或私立学校，必须要有完整的体育锻炼和操练的场地（田径场的雏形）和器械。此时的"体育"[2] 概念是受

---

[1] 黑格尔.哲学史讲演录：第一卷［M］.贺麟，王太庆，译.北京：商务印书馆，1981：57.
[2] 廖建华，宋慎.体育概念分类的逻辑基础［J］.科技信息，2011（16）：274.

瑞典、德国人的思想影响，诠释为对身体的教育或是体力的训练；身体作为被实现的对象，在教育的过程中，需要在不同的阶段加以锤炼，以达到其健康、强壮的目的。"操练"（瑞典体操）是体育的一种表现形式，在瑞典和德国的教育体系中受到过重视；在今天各国的基础教育中，仍旧是用操练的形式（队列、队形）来培养孩童的身体反应能力及组织纪律观念等。

斯宾塞的《体育论》读起来像是一篇小说，通篇告诫人们在生活中如何穿衣吃饭，尤其是儿童在不同的季节里，大人们要重视告知他们增减衣物以及合理地摄取食物中营养的重要性。其次，斯宾塞从生理学和医学的角度阐述了肥胖或摄取的营养物质较少的情况，以及胖瘦对人体内脏器官的影响及在心理上产生的弊端。在当时及今天我们如果没有读过他的著作，似乎很少有人能从他的视角来理解体育到底是怎么回事。但是，恰恰是这样平白直叙的论述，让我们从身体的角度可以将其理解为身体与自然之间的辩证关系，用我们古代的思想理解为：事物的发展要防止"过犹不及"（《论语·先进》："子贡问：'师与商也孰贤？'子曰：'师也过，商也不及。'曰：'然则师愈与？'子曰：'过犹不及。'"）。那么体育是什么呢？"健康！"这是斯宾塞在《体育论》中强调的主题。不健康会怎么样呢？固然是给身体的成长带来不利因素，但就此说明不运动就不能成为人，似乎构不成因果关系；可不健康的身体与不健全的人似乎有种对等关系；不健康意味着会有疾病发展的趋势，如果恶性循环下去，身体会受到局部或全局的"伤害"。伤害之后就有可能将健康、健全的身体变为不健全。

同时，斯宾塞还强调儿童不论在公立或私立学校，都要给予他们充足的户外活动时间，以弥补用脑过度后造成的身体发育方面的缺陷；并且斯宾塞强调女孩要像男孩那样，也必须在户外活动，即便这种习惯原先不存在。在生理学上，户外的体育活动是教育过度的克星；现代教育的一个特征就是使得受教育者用脑过度。而户外活动（游戏）则从生理学角度给大脑带来新的血液循环。在斯宾塞看来，即便他们并不喜欢枯燥的体操也能给孩子们带来身体上的益处。那些急于培养儿童心智而不管他们身体的人，似乎忘了社会上的成就比较多的是靠一个人的精力，而非使用他的全部知识。[①]

人的正常行为虽然包含着体与力的自然功能，但是这种行为也会随着自然的力量而丧失其功能。那么如何使人延缓衰老？参加户外的活动是一种比较实用的方法。在斯宾塞看来，身体违反了自然的指示而出现问题，都是身体的罪恶。

现代社会的发展，依靠更多的是人的心智，因此肌体力量除了体力劳动之外，似乎用处很小。教育的重心就偏向了心智的训练，等身体出现问题之后，我们又要把身体训练放在一个重要的位置之上，来阐述身体训练有多么重要。这些都是片面的。我们要认识到的真理是：在我们的生活中身体是心智的基础，要发展心智就不能使身体出现亏损。[②]

相对于斯宾塞朴素的教育说教，杜威则直截了当地提出"教学即生活，学校即社会"的更加现实的教育观念。教育并不是强制儿

[①] 杜威. 民主主义与教育 [M]. 王承绪，译. 北京：人民教育出版社，2001：218.
[②] 杜威. 民主主义与教育 [M]. 王承绪，译. 北京：人民教育出版社，2001：385.

童静坐听讲和闭门读书，教育就是生活、生长和经验改造。儿童是教育的出发点，社会是教育的归宿点，正像两点之间形成一条直线一般，在教育出发点的儿童和教育归宿点的社会之间，形成教育历程。① 自然的意思是先强身体，后练心智。换言之，遵循自然的教育目的就是注意儿童在探索、处理各种材料、游戏和竞赛中运用他们的身体器官所起的实际作用。在儿童生长发育过程中，身体和身心的发育是不平衡的，各种教育方法必须认识到生长中自然的不平衡的能动价值；并能利用这种不平衡性，宁有参差不齐的不规则性，也不要"一刀切"。这种方法最能遵循身体的自然发展，因而证明是最有效的。在理解身体活动的意义上，传统的教育认为儿童的身体活动并没有产生有意义的结果——作业。即便是体育活动，教师鼓励的也是呆板一律的姿势和运动。所以，它们不是教育儿童负责人在有意义地、雅致地使用他们的体力，而是在教育他们克尽不发泄体力的义务。因此，在这里需要的是效仿希腊教育，因为希腊教育从没有企图将身心分割开来错误地教育孩童，即便是身体活动对精神活动具有阻挠和干预的性质。

　　回到人的角度，我们评判的标准似乎在回避动物的本性；总想站在思维能力的角度，释放着人的高级特征。其实不然，从爬到走的过程，让我们褪去了身上的某些器官，增加了脑容量来学会思考。但是，人毕竟没有完全褪去动物的属性，作为自然人，其躯壳不可能完全被他性的物质所替代，也不可能不需要体育的功能来完善其自身。回到人的自然本能上，体育是最好的干预和影响，使其存于世。

---

① 杜威. 民主主义与教育 [M]. 王承绪，译. 北京：人民教育出版社，2001：276.

第二章 晚清,《天津条约》签订（1858年）前后的汉口、武昌、汉阳学校体育文化溯源分析

明宪宗成化年初（1486—1487），汉水改道入江，汉口（hankou 或 hankow）始形成市集。但每到夏天涨水之际，江水漫溢，人们仍无法安居。1635年（明崇祯八年）通判袁倡创筑长堤（上起硚口，下迄堤口）以障水患，后遂称呼为"袁公堤"，即今日之长堤街。此后，居民日增，到清仁宗嘉庆时，汉口居民已达36929户，129183人（数据来源于《武汉市志〔总类志〕》），但汉口在很长一段时间里，仍隶属于汉阳县，因此，早期的"武汉"概念仍是武昌、汉阳双城的合称。汉口的独立地位是在光绪二十五年（1899年）才确立的，当时湖广总督张之洞奏请阳、夏分治，改汉口同知为抚民同知，分汉阳汉水以北地段北至摄口，西至硚口，拨归同知管辖，立名曰"夏口厅"。到民国初年，改"同知"（同某官的意思，职位相当于某官之副）为"知事"（民国初期对县一级最高行政长官的称呼），改"厅"而为"县"，于是便有了夏口县。当时，

武昌（江夏）、汉阳、汉口（夏口）仍以各自名称为主，而且各有隶属，如清末时江夏属武昌府，汉阳、夏口属汉阳府，民国初年夏口属江汉道，故未形成统一的行政建制。在历史上，亦将汉阳、汉口联称为"阳夏"，将武昌、汉阳联称为"武阳"，将武昌、汉阳、汉口联称为"武阳夏"。

1926年秋，国民革命军攻克武汉。次年初，国民政府将汉口市（辖汉阳县）与武昌合并，划为京兆区，作为首都，并建立统一的武汉市政府，此时，武汉才作为政区、市区的称谓。此后，武昌、汉阳、汉口时分时合，直到1949年新中国成立前夕，汉口作为直辖市，武昌作为省辖市，汉阳作为县而分治。

1949年后，新中国政务院将汉口、武昌、汉阳（县府所在地及邻近地区）合并为武汉市（原汉阳县治所迁至蔡甸，保留县的建制），武汉市人民政府设在汉口。至此，武汉三镇才名副其实地合三为一了。

科举制是中国封建社会教育发展的一个缩影。入仕为官是中国封建社会士子浸染于教育中的最终诉求；而束缚于土地上的农民则被排斥在教育的大门之外，千年传承下的劳动技艺与年复一年亘古不变的气候特征，让中国的封建农业社会体制对教育（狭义）的依赖性相对理性地弱化。劳动从孩童可以独立地直立行走就开始了，直到生命的终结，普通人都是在劳作中度过一生；体育活动（身体活动）有些是从劳动中来，但劳动与体育又不能等同于一个概念。束缚于土地上的人，对体育文化的（各类民间习俗）渴望建立在传统文化的祭祀守望之中。土地对身体的要求不像工业社会那样，在

>>> 第二章 晚清,《天津条约》签订（1858年）前后的
汉口、武昌、汉阳学校体育文化溯源分析

一个范畴里，需要达到一个标准的要求。

一、传统的中华体育文化与晚清汉口、武昌、汉阳三镇教育模式的楔入

楚地的尚武之风可以追溯到两千多年前的楚国。在筚路蓝缕的岁月里，楚国人备尝艰辛，不断地与恶劣的自然环境相抗争，渐渐地聚族而居。时值西周末期，楚国还是一个混迹于"蛮夷"之间的小国、弱国，为了生存而一直采取内聚国力、外争霸权的策略，不断地以武力征服周边民族和国家，拓展疆域。因此，楚国统治者非常崇尚武力，以致"楚王之为人也，好用兵而甚务名"。楚人也养成了尚武之风，素来好战喜斗。西楚"其俗剽轻，易发怒"，一语道出了楚国民风强悍。即使文人屈原也有"族蔽日兮敌若云，矢交坠兮士争先""带长剑兮挟秦弓，首身离兮自不惩"的感慨，但"楚虽三户，亡秦必楚"更是家喻户晓。陈胜、吴广揭竿而起，项羽挥师函谷关，所向披靡，推翻了秦朝。

沿袭至明清时期，武汉尚武风气得到发扬。清朝，政府承袭了唐宋武举制和学校教育制度。"学而优则仕"激发了民众习武的热情，武汉各种武学堂纷纷设立，有清朝选拔官袭用的"武举制"武棚、官办"武学馆"和官办"书院"，它们专门传授武术技艺或兼施教武术课。而民间"武术社""武馆"等武艺组织也应时而生，活跃了民间练武的风气，尤其在黄陂县（今武汉市黄陂区）和汉阳县（今武汉市蔡甸区）两地表现得更加突出。黄陂县今为武汉市黄陂区，地形复杂，多山丘，少肥田，人口众；汉阳县（今武汉市蔡

甸区），水多地少，人口多。这两处的贫苦民众为了生计而大量外出闯荡江湖，汉口诸多铁匠帮、米帮等均源自黄陂和汉阳，而武术成为这一带人外出谋生的重要防身手段。

在漫长历史长河的洗礼下，楚文化形成了一种多元性的地域文化，除了自身的主体因素外，还承袭了中原文化因素和吸收了南方诸土著文化因素。楚国原来与戎、狄一样，与诸夏城郭耕稼生活方式不同，文化水平较低。尔后，楚国在发展过程中亦"渐受北方诸夏的文化感染，渐知专靠武力无法并吞北方诸侯，遂亦要求加入同盟团体"。这样，中原诸夏文化逐渐由黄河流域推广到长江流域。另外，楚国在对周边部落的兼并过程中，不断吸收了南方土著文化精华，推动了文化的融合，使楚文化具有了较强的包容性。可见，楚文化形成和发展的过程，也就是"融各种文化于一炉的过程"。这从根本上决定了武汉的文化血液里带有较强的开放性和兼容性，可以容纳大江南北各拳种派别入汉扎根、发芽。

清代废科举前，教育围绕着科举考试，办学就是为了培养少数仕宦和富绅家庭的子弟，让他们"读圣人书"以应试，接受朝廷的选拔。道光二十年（1840年）至光绪三十一年（1905年），清廷先后委派25任学政（提学使）驻省会武昌。学政在贡院主持历届院试，日常管理府学、县学和书院。其时，江夏、汉阳和夏口分别建有府学、县学。武汉三镇有少量书院，如武昌的经心书院、两湖书院，汉阳的晴川书院、凤山书院等，均以官办为主。民间还有各类学塾，从事启蒙教育，教学童以应乡试。这种旧式教育，适应八股文取士，有严格的考试规程和教学范围，日常教学无统一的管理制

<<< 第二章 晚清,《天津条约》签订(1858年)前后的
汉口、武昌、汉阳学校体育文化溯源分析

度。外国人及其教会开办的"洋学堂",清廷未加管理。19世纪末张之洞主政两湖,在武昌开始改革书院,兴办新式学堂。他对学堂办学宗旨,学堂负责官员的任用,生员入学,学制、课程和教学内容,斋舍(学生宿舍)管理,经费渠道和管理,都有较为明确、具体的规定。民间学塾则基本照旧。光绪二十七年(1901年),始设学务处;1904年,改为学务公所;1906年,夏口厅设劝学所,办理地方教育行政事务。其间,端方①曾于1902年发布《鄂省普及学塾章程》,管理成人学塾。

传统的体育文化是中国上下五千年来生存在华夏土地上的先民狩猎与农耕文化的衍生产物,是我们的先民在与自然抗争、融入、改造的过程中逐渐形成的文化遗产。"文化"简而言之就是生活的某种习惯,上升到社会学或人类学的高度就是俗称约定及符号化标记。虽然早在公元三世纪的晋代,中国的印刷术就发展得比较完备,但是就传统体育文化而言,流传的方式多以言传身教为主,少有著书立传以存于世。尤其是民间的传统体育文化(与身体规训相关的武术、杂技、游戏杂耍、戏剧中的武生等)及传统民俗中的竞赛类(龙舟、赛马等)文化基本上以"人化"的形式存在。因此,教育的痕迹不如人文类科举彰显。再者,社会经济的发展拘囿于某种自足状态,导致中低阶层的闲暇时间或经济水平有限,对身体的专门规训变得捉襟见肘(穷文富武),或对身体的专门诉求滞后于身体的

---

① 端方(1861—1911),清末大臣,金石学家。满洲正白旗人,字午桥,号陶斋,谥忠敏。光绪八年中举人,历督湖广、两江、闽浙,宣统元年调任直隶总督,后被弹劾罢官。宣统元年起为川汉、粤汉铁路督办,入川镇压保路运动,被起义新军所杀。著有:《陶斋吉金录》《端忠敏公奏稿》等。

其他诉求（玩物丧志）。

在冷兵器时代，身体的规训主要存于皇权、军事、官府、士绅等集权的上层社会的护佑层面。"武举"自武则天始至清末荣禄提出废止，武举的兴盛时期是明清两代，特别是在清代。清朝对武科乡试、会试的录取名额有具体规定。康熙二十六年（1687年）规定，武乡试录取名额约为文乡试的一半，全国共八百四十名左右。其中直隶一百零八名，其他各省六十名以下不等。会试录取名额在康熙初年以前大致每次录取二百名到一百名之间，康熙十八年定额一百名，后来又规定不拘定额，特别是不拘各省分配的定额，只按考试成绩，奏报皇帝，由皇帝和主考大臣临时酌定录取人数。酌定时也要考虑到各省都有名额，但一甲、二甲只依据成绩圈定，排除其他因素的影响。每科参加会试的武举人，一般在千人左右，有时多到两千人左右，进士录取名额，如果平均以一百二十人计，那么录取比例差不多是在十人或十几人中取一名。显然，考取武进士并不是一件容易的事情。落第的武举人，雍正年间曾规定按路程远近发给回家的路费，多则十两，少则四五两。而大部分武举人，按规定可到兵部注册，由兵部依据个人成绩分三等授予武职，也可以到本省军营中效力。总之，只要有一个武举人资格，就算有了进入仕途的机会，同样也有逐步升迁的机会。

但到了清代后期，鸦片战争以后，在频繁的御侮战争中，早就显露出武举人才不能适应新的战争的问题，除了长矛大刀与坚船利炮之间的差距外，更重要的还是基本素质和军事思想上的差距。然而朝野上下墨守成规，玩岁愒日，武举考试竟一直被延续下去。（荣

<<< 第二章 晚清，《天津条约》签订（1858年）前后的
汉口、武昌、汉阳学校体育文化溯源分析

禄认为：自火器盛行，弓矢已失其利，习非所用，与八比试帖之弊略同。积弱之端，未始不由于此。）

在《武汉市志（体育）》中叙述道，武术作为传统体育文化之一，带有教育功能的社团却在清末属于秘密结社性质；民国时期在社会上才公开出现各种形式的拳社组织。1918年建立的汉口"精武体育会"是武汉武术社团最早的组织。20世纪30年代先后出现的官民联办的社团有：湖北国术馆、湖北省国术研究委员会、武汉国术研究馆、汉口特别市国术馆等；民间自办的有：汉口市国术研究社、武昌国术研究会、汉口市国光体育会、汉口龙王庙国术社、汉声国术研究社、业余国术研究社等。它们在传播、发展武术方面都起过积极作用，但也存在着门户之见的宗派纷争，并且没有统一的组织和明确的发展方向。清末，民间拳师主要采取沿街圈地进行表演，也有设台打擂比武的。民国时期，逐步发展为由社团组织表演。1933年在武昌体育场举行国术表演会，参加表演的有136人，聘请段岐山、梁春庭、赵子虬、陈金瑞、李克宪、赵铁林、李搪亭、刘正山、沈瀛州等为评判员。

官学（分府学、县学：武昌府、汉阳府、江夏县、汉阳县、夏口厅），书院（江汉书院、经心书院、两湖书院、晴川书院、凤山书院），私塾（社学、义学、蒙馆、经馆）等是19世纪初至《中法条约》签订前后武昌、汉口（夏口）、汉阳地区的基本教育模式。传统的体育文化未作为教育的内容和形式进入旧式教育体系之中。如夏口厅学宫，刻学宫卧碑八条，以为生员之准则。朝廷建立学校，选取生员，免其丁粮，厚以廪膳，设学院、学道、学官以教之，各

衙门官，以礼相待，全要养成贤才，以供朝廷之用。诸生皆当上报国恩，下立人品，所有教条，开列如后：

一、生员之家，父母贤智者，子当受教；父母愚鲁或有为非者，子既读书明理，当再三恳告，使父母不陷于危亡。

二、生员立志，当学为忠臣清官，书史所载忠清事迹，务须互相讲究，凡利国爱民之事，更宜留心。

三、生员居心忠厚正直，读书方有实用，出仕必作良吏；若心术邪刻，读书必无成就，为官必取祸患，行害人之事者，往往自杀其身，常宜思省。

四、生员不可干求官长，交结势要，希图进身。若果心善德全，上天知之，必加以福。

五、生员当爱身忍性，凡有司衙门，不可轻入；即有切己之事，只可家人代告，不许干预他人词讼，他人亦不许牵连生员作证。

六、为学当尊敬先生，若讲说皆须诚心听受；如有未明，从容再问，毋妄行辩难。为师者亦当尽心教训，勿致怠惰。

七、军民一切利病，不许生员上书陈言，如有一言建白，以违制论，黜革治罪。

八、生员不许纠党多人，立盟结社，把持官府，武断乡曲；所作文字，不许妄行刊刻，违者听提调官治罪。

江汉书院在设置课程时也以"四书""五经"和宋明朝代先儒著作为先。光绪二十三年（1897年），湖广总督张之洞对书院进行改革，课程除经史外，增设天文、地理、算学、兵法等科目。各科目由经心书院分教兼任，惟体操一门须入经心书院肄习。

<<< 第二章 晚清,《天津条约》签订(1858年)前后的
汉口、武昌、汉阳学校体育文化溯源分析

私塾类型的教育也未将身体的规训放置在其教育中。我们从当时的乡塾公约中可窥一斑,宣统二年(1910年)义塾章程:

一、义塾原为极贫之家无力延师而设,如有稍能具束脩者,自可另行从师。至女学生一概不收。学生自七岁以上,方准来学,但须先报姓名年龄住址,以便登记,每塾十六人为率,如人数满额,须俟出缺传补。

二、师长必访求品端学优、精神充足者,方能尽心施教,俾子弟得收养正之效。司董须于每年秋间,先具关书延定,正月中旬,务须开馆。自开馆后,功课之外,凡笔墨及琐事,先生板不应酬。

三、先生修脯膳资,仿照驿亭经氏敬修义塾章程,计日致送,塾中桌椅、纸墨、笔砚、经诗、书籍,及逐日供给茶水,皆由本堂自备,不取学生分文。

四、小学、孝经,为初学入德之门,于启蒙最为切要,今拟初学幼童,读完三字经,或千字文后,即读小学、孝经各一本,再读四书。凡读四书,以朱注刻本为主,以为将来讲解作文地步。如实在资质驽钝,及无志上进者,亦不必限以成格。

五、每晨学生到馆时,各于帝君前三揖,然后就座读书。每日入学时亦如之。若每月朔望,由先生连同学生诣帝君前行两揖四拜礼,礼毕各学生排班向先生三揖,先生就座,教孝悌忠信诸大端,并宣讲圣谕广训,使学生幼学壮行,皆知恪遵功令。

六、司董每于朔日,到学稽查学生功课,有不成诵及不认字者,将本生姓名写于牌上记过一次。如再怠惰不改,即请先生分别施责。各生所写之字,须一体稽查,其中有能熟读书勤认字及写字端正者,

43

酌奖花红，以资鼓励。①

二、晚清汉口地区商业文化的兴起和教会学校的进入

商业文化的发展与河流湖泊有着一定的关系。明末清初，国内的四大名镇（景德镇、佛山镇、朱仙镇、汉口镇）均与水的关系密切。水的流动也在那个时代带动了物的流动，贸易改变了地理位置的社会属性，围绕着物流的兴勃，促使商人、商业文化等聚拢在一起。商文化的发展在明末清初虽受到抑制，但不可抑制的是，社会发展对商业文化的逐步认同，以及依靠贸易生存的各个阶层的人的社会地位的确认。

清乾隆时期（1736—1795），汉口"九州之货备至""人烟数十里，行户数千家，典铺数十重，船舶数千万"。范锴《汉口丛谈》称："大约名之曰街者20余，巷60余。"镇后荒凉沼泽的潇湘湖一跃而为游乐地，几十家茶楼酒馆拔地而起。汉口港时称"船码头"，有大码头、艾家嘴、四官殿、老官庙、花楼、关圣殿、武圣庙、接驾嘴等，通称八码头，泊船数常不下二万四五千艘。淮盐、漕粮、木材等大宗货物历来在汉口交兑、分销。而汉水流域棉、豆、茶、布、果，南水杂粮、茶叶，吴越绸缎、海味，山陕皮毛，安徽茶、油、笔、墨，四川桐油、药材，江西瓷器，云贵木耳、生漆，广福洋货等，"莫不运此地转换分销，不愧为九州百货备集之所"。

---

① 黎志. 武汉市志·体育志（1840—1985）[M]. 武汉：武汉大学出版社，1990：24—37.

<<< 第二章 晚清,《天津条约》签订（1858年）前后的
汉口、武昌、汉阳学校体育文化溯源分析

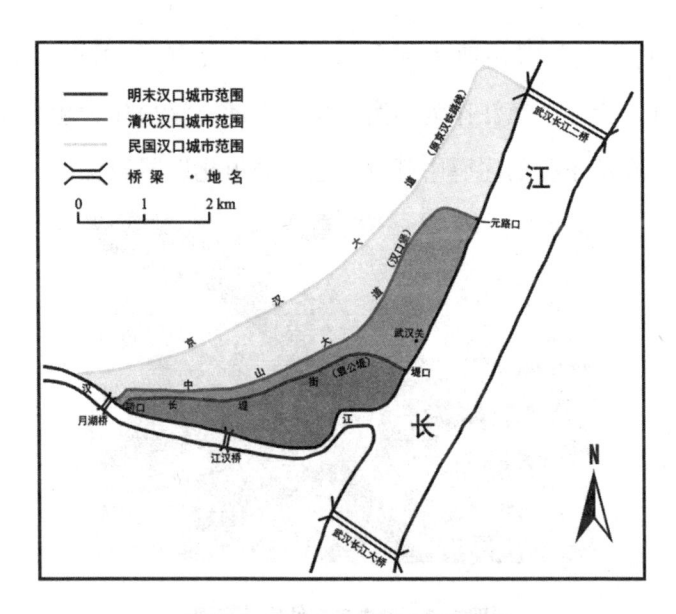

图 2-1 明末汉口袁公堤示意图

清前期汉口市场经营的各类商品以盐、米、木材、花布、药材、典当为最大宗，形成汉口六大行帮。汉口城区内的港口码头、货栈、旅店、加工作坊以及为过往客商服务的茶楼、餐馆、戏院、会馆比比皆是。汉正街是当年著名的商业街，行栈店铺林立，酒肆茶楼栉比。药店往往以山为名如荣山、仁山、寿山等；酒肆茶馆多以楼、园相称，如金谷楼、会芳楼、五明楼、聚仙楼、鸣鹤园、楚江楼、小江园等。还有一批有地方产品特色、自产自销的店铺，较著名的如罗天源帽、牛同兴剪刀、洪太和绒线、壬恒丰烟袋、罗明德牛烛、马公亮香货、叶开泰丸药、高占除裔药、汪玉霞茶叶、玉露斋烧蜡、蓝田宝纸扇等。

清咸丰八年（1858年）第二次鸦片战争，英、法、俄、美与中国签订了不平等条约，其中《中英天津条约》就将中国的牛庄（后

45

改为营口)、登州（后改为烟台）、台湾（台南）、潮州、琼州、汉口、九江、南京、镇江作为通商口岸。至此，汉口作为租界于19世纪后半叶在清王朝的屈辱中开始了近代城市化发展的历程。

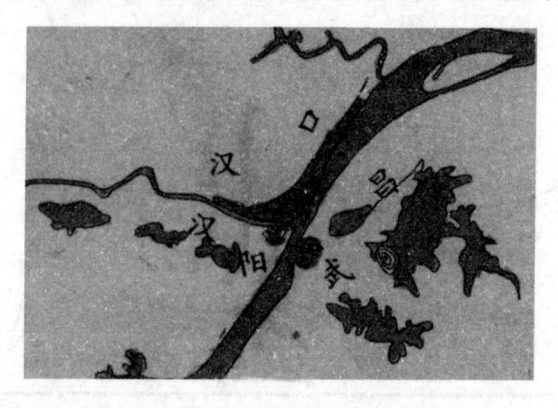

图2-2 清末三镇城区示意图

  汉口租界区位于今沿江大道中段，即江汉路以北，麻阳街下码头以南，中山大道东南（其中法租界有部分越过中山大道，距京汉铁路东南60丈止），滨长江西北一带，沿江岸线共长1088丈。按地理位置由南向北顺序排列，先后曾有英、俄、法、德、日等5国租界，共计面积为280445亩。其中：英租界面积795.75亩（第一批1861年3月，订立458亩；第二批1898年，订立337.75亩）；日租界计622.75亩（1898年7月16日订立247.5亩，1907年2月9日订立375.25亩）；德租界于1895年10月3日订立，计600亩；俄租界于1896年5月2日订立，计414.6亩；法租界共372亩（1896年5月2日订立187亩，1902年11月12日订立185亩）（上述汉口租界区勘定数据来源于：袁继成的《汉口租界志》）。租界订约时，每亩一年只收租银2钱2厘2毫。租界内设有领事馆、工部局、巡

<<< 第二章 晚清,《天津条约》签订(1858年)前后的
汉口、武昌、汉阳学校体育文化溯源分析

捕房,沿江地段建筑有专用码头,自由停泊他们的商船和军舰,还迫使清政府把汉口海关交由他们控制,实行立法、司法、监察、关税、行政完全独立于中国行政系统和法律制度之外的另一套统治制度,租界变成了中国境内的"国中之国"。

租界也成为国际贸易、金融、交通、信息的窗口和媒介。1905年末水野幸吉调查外商在汉口创办的主要公司、洋行、商店等共124家,其中英国32家、德国35家、日本18家、美国12家,其他俄、比等国27家。外籍人口1901年为990人,1905年达到2112人,其中日本人由1905年的528人增至1906年的1062人。汉口沿江大道中段矗立着各国银行大楼:阜昌街(今南京路)有川本横滨正金银行,华昌街(今青岛路)南边是美国花旗银行,北边是英国汇丰银行,姨玛街(今黄陂路)是俄国华俄道胜银行,威尔逊街(今车站路东段)是法国东方汇理银行,皓街(今一元路)与福街(今二曜路)之间是德国德华银行,邻近江汉路的洞庭街口对面有日本银行,洞庭街上的青岛路口东南角有英国的麦加利银行等。

英租界地处得天独厚的繁华闹市区,各国主要贸易机构大都设在这里。英租界最高行政机构为"大英工部局",由租界内英、美、法、德、意、俄、日等7国的36个单位组成(英国23个),选出9111人的市政委员会,三年一任。工部局设总办,下设会计、工程、卫生、警察四科,巡捕房即警察科别名。俄商在汉口兰陵路口建顺丰茶厂(1873年建,是汉口最早的近代工厂),20世纪初在巴公房以西(今珞珈山路)修西商跑马场(后迁至通济门,今昌年里东北处),随着汉口外籍人口剧增,又将跑马场迁至铁路外。法租界内烟

馆林立，也是嗜赌者的天堂，如安乐、红楼、大东、安安、新新等10余家旅馆赌场。法租界还规定，中国人在法租界置有房地产，自己无权登记，必须由外国银行、洋行"挂旗"，收取"挂旗"费，如立兴洋行就承揽此业务。德租界的礼洋行、美最时洋行来汉经营蛋品、牛羊皮、桐油、芝麻等。德租界工部局还在汉创办德华学堂、德国球场、万国公墓和直通德二码头的铁路支线。日租界创设的邮政局及邮船公司附近成为贩卖鸦片、白面、红丸等各种毒品的大本营，还有多处妓馆、娼寮、御料理等，其藏秽纳污程度与法租界不相上下。

租界区内的市政规划、建设与管理均沿各宗主国例，从而引进西方的城市文明，如人行车行分开、宽阔平整的马路、风格各异的洋楼，以及自来水、电灯、电报、电话、电影、跑马场、学校、医院等等。这一时期租界区的经济、文化和建筑技术无疑对汉口城市建设提供了近代化的先例。

汉口镇：二万六千六百八十五户，人口十八万九百八十人。若凤栖、丰乐二乡，东西百二十里，南北三四十里不等之户口，系合汉阳旧治乡间统载，不能臆为区分。盖生齿日多，较乾隆时几加至二倍有余，其无诡名、子户、漏口之习可断言也。兹者水火通轮遍及五洲，土著侨居鳞次栉比，殷盛大改昔观，户口骤形蕃庶，所有民国以来酌分九区地段，及区中户口确数，已由各区董报来，应即详著于左。

<<< 第二章 晚清,《天津条约》签订（1858年）前后的
汉口、武昌、汉阳学校体育文化溯源分析

表2-1 清同治《续辑汉阳县志》黄式度等修同治七年（1868年）刻本

第一区	正户（9878）	附户（5932）	男丁（82860）	女口（55240）
第二区	正户（16260）	附户（5843）	男丁（145375）	女口（76963）
第三区	正户（12798）	附户（4635）	男丁（137480）	女口（28575）
第四区	正户（33568）	附户（2479）	男丁（91856）	女口（85041）
第五区	正户（7361）	附户（72）	男丁（35602）	女口（18535）
第六区	正户（8355）	附户（40）	男丁（48789）	女口（36971）
第七区	正户（10626）	附户（160）	男丁（54802）	女口（23487）
第八区	正户（5234）	附户（48）	男丁（17136）	女口（16783）
第九区	正户（11715）	附户（210）	男丁（55580）	女口（23820）
合计	正户（114795）	附户（19419）	男丁（669480）	女口（365415）

商业文化的发展，其背后则是近代教育的鼎足支撑。从某种意义上理解，近代教育是资产阶级顺应工业革命发展的催化剂。因为资产阶级诉求的境界迥异，决定着近代教育受众的层面日益壮大。社会的公益性也在一定程度上得到某种价值的释放。当然，商业文化的背后也是资本主义对剩余价值的欲望体现。从澳门的第一所教会学校登陆中华大地，到19世纪后半叶，教会学校是西方列强文化侵蚀中国的主要手段。

1871年，美国圣公会在汉开办义氏纪念学堂（Bishop Boone School）；1873年，开始以文华书院（Boone College）称之。该学堂在汉进行文化输入，拉开了武汉近代教育的序幕。从本质上讲，学校的性质是宗教宣传的产物，也具有一定的社会公益事业的性质。

1871年至1949年，在汉开办的教会学校主要是天主教和基督

教。天主教会在武汉单独开办了7所以宗教为主要教育目的的神学院，培养神职人员和教徒；如武昌圣安多尼小修院、湖北省圣安多尼联合中修院、汉口两湖总修院、崇正书院、柏泉方济各会初学院、汉口方济各会圣母院等。基督教会在汉有教会总堂11所，学堂下设有私塾式的小学，片区间有中心小学。小学毕业后，经考试择优到当时三镇的教会中学。据1931年来汉参加中华基督教会工作的统计，仅美国圣公会、英国伦敦会、循道公会三大教会势力在汉口、武昌、汉阳开设的小学堂就达23所。

表2-2 天主教、基督教在汉办学一览表（天主教会）

所属教会	校名	创办时间	校址	备注
意大利嘉诺撒仁爱会	圣玛利亚学校※	1906—	汉口湖南街	1944年迁至天津街，1950年元月停办
意大利嘉诺撒仁爱会	圣约瑟学校※	1911—1912	汉口鄱阳街	1952年政府接管，今为市19中学
意大利嘉诺撒仁爱会	圣安多尼小学※	1919	汉口鄱阳街	1952年政府接管，今为市一元路小学
意大利天主公教会	圣嘉纳女子中学	1933	汉口兴元街	1945年校舍被炸毁，未复校
	上智中学	1931	汉口球场街	1953年政府接管，今为市六中
天主教圣母会	法汉中学※	1937	汉口美领事街	1951年政府接管并撤销
天主教圣母会	法汉小学※	1943	汉口美领事街	1951年政府接管
	智德小学	1944	汉口刘家庙	1952年政府接管
	明德小学	1947	汉口至公巷	1952年政府接管

<<< 第二章 晚清,《天津条约》签订（1858年）前后的
汉口、武昌、汉阳学校体育文化溯源分析

续表

所属教会	校名	创办时间	校址	备注
	崇德小学	1947	汉口大夹街	1952年政府接管
	望德小学	1947	汉口何家墩	1952年政府接管
	爱德小学	1946	汉口大智横街	1952年政府接管
美国方济各会	文学中学	1916	武昌候补街	两次停办，1948年复校，1952年政府接管
美国方济各会	文学小学	1943	武昌候补街	1952年政府接管
	善导女中	1930	武昌首义路	1952年政府接管
	威德小学	1930	武昌中山路	1952年政府接管
	文德女中	1947	汉阳西大街	1952年政府接管
	文德小学	1947	汉阳显正街	1952年政府接管

本表数据来源于《汉口租界志》（有※为租界内学校）

两大教会通过设立各级各类学校，在较短时间内形成了从小学、中学至大学并旁及各种不同学校的庞大体系，构架了武汉近代教育体系。教会学校均在本国注册，经费由教会承担，传教士负责管理。教会学校在体制、课程设置、新型文体活动的开展、班级和走读、寄宿管理、宗教礼仪等方面，皆具新的格局，相较于传统的中国官学、书院的教育模式具有一定的现代性，对传统的教育模式是一种冲击。

1874年，美圣公会开办的布伦女子学校（圣希里达女子中学）属于汉口第一所女校，撼动了中国传统的"女子无才便是德"的封建思想。即便是在当时学校长期存在只有10名左右女生的情况，但女子教育终于在汉口地区的近代教育中产生了深远的意义。后来，

在民国时期，汉口、武昌、汉阳有 11 所女子学校之多。[1]

表 2-3　天主教、基督教在汉办学一览表（基督教会）

所属教会	校名	创办时间	校址	备注
圣公会	文华书院	1871	武昌横街头	1944 年迁至天津街，1950 年元月停办
圣公会	文化图书馆学专科学校	1920	汉口鄱阳街	1951 年由中南军政委员会教育部接管
圣公会	华中大学	1924	武昌县华林	1951 年由中南军政委员会教育部接管
圣公会	心勉女中※	1930	汉口四民街	1952 年由武汉市政府接管
圣公会	歌颂学堂※	1902	汉口鄱阳街	1914 年合并于圣保罗中学
圣公会	文华中学	1924	武昌粮道街	1951 年由中南军政府委员会教育部接管
圣公会	圣希里达女中	1874	武昌鼓架坡	1952 年由武汉市政府接管
圣公会	益智中学	1907	—	1927 年停办

---

[1] 《汉口租界志》编纂委员会. 汉口租界志 [M]. 武汉：武汉出版社，2003：284-301.

>>> 第二章 晚清,《天津条约》签订(1858年)前后的
汉口、武昌、汉阳学校体育文化溯源分析

续表

所属教会	校名	创办时间	校址	备注
圣公会	圣保罗中学※	1872	汉口鄱阳街	1938年西迁,战后未恢复
圣公会	育贤女中※	1930	—	抗日战争初期停办
圣公会	三一中学	不详	—	1927年停办
圣公会	圣约翰中学	不详	—	1927年停办
圣公会	圣罗以女中※	1917	汉口圣罗以教堂内	1952年武汉市政府接管
圣公会	圣约瑟学校	1913	—	1927年停办
循道公会	博文书院	1887	—	—
循道公会	训女中学※	1896	—	1938年迁至湖南街,后又迁至法租界
循道公会	博文中学	1896	—	1952年市政府接管
伦敦会	博学书院	1896	汉口居巷	后由中华基督教会更名为博学中学

53

续表

所属教会	校名	创办时间	校址	备注
伦敦会	博学中学	1927	汉口韩家墩	1907年即有中学部，称文学馆
伦敦会	懿训书院	1897	武昌县华林	1931年由中华基督教会华中大区接办，改称为懿训中学※，校址湖南街
中华基督教会	辅仁中学	1947	—	1952年由市政府接管
基督教汉口青年会	基督教青年会	1910	汉口青年会	1926年停办
基督教汉口青年会	汉光中学※	1931	汉口五族街	武汉沦陷前停办
复临安息日会	三育中学	1918	汉口王家墩	专收信徒子弟，1930年更名为华中三育研究社
复临安息日会	汉口三育女中※	1942	汉口五族街	校舍数次迁移，前身为三育中学
路德会	路德中学※	不详	—	1927年停办
武昌青年会	求是中学	1923	—	北伐战争前停办

<<< 第二章 晚清,《天津条约》签订(1858年)前后的
汉口、武昌、汉阳学校体育文化溯源分析

续表

所属教会	校名	创办时间	校址	备注
循道公会 圣公会,伦敦会	协和女子中学※	1929	汉口四维小路	1930年停办
循道公会	训盲书院	1888	—	抗日战争时停办
	武昌瞽目学校	—	—	—
	武昌聋哑学校	—	—	—
行道会	真理中学	不详		抗日战争后停办
循道公会中华基督教会	普仁护校	1928	—	1952年由中南军政委员会卫生部接管
圣公会 伦敦会 循道公会	华中协和师范	1911	—	1927年停办
汉口青年会	汉口青年会商校	不详	汉口亚历山大街	1927年停办
中华医学会传教部	汉口博医卫专	1924	—	1951年由武汉市政府接管
伦敦会 圣公会 浸礼会	大同医学院※	1902	—	1917年迁并山东齐鲁大学

本表数据来源于《汉口租界志》(带※号为租界内学校)

作为传教工作的一部分，国外的传教士在传教的同时，也将欧美的近代教育以教会学校的形式，强行复制在当时的租界内外。1861年，一个叫杨格非（Griffith John）的英国传教士从上海逆流而上，到达汉口，开始了他在中国的传教事业。他见证了在汉口镇的武昌城教会学校近半个世纪的发展历程。文华书院，系美国基督教圣公会1871年创办，是武汉最早的教会学校，前身是该会传教士文惠廉创办的男童寄宿学校。1909年改为文华大学，1924年又改名为华中大学。该校建筑群布置严谨，错落有致。1871年建圣诞堂，该堂一层，砖木结构，具有希腊神庙建筑风格，侧柱廊设在教堂外部。1910年5月，美国的韦棣华女士创办文华公书林。该建筑二层，砖木结构，屋顶为铁瓦屋面，内部按图书馆功能设计。1915年建成文学院，该院二层，砖木结构，底层封闭，墙面开设半圆形拱窗，二层东面设木柱外廊，砖木组合栏杆，砖墩栏杆上支撑双柱顶住屋檐额枋，额做上下枋，两枋之间用传统木雕花格装饰。1920年3月建成文华图书馆专科学校，设有图书馆学和档案学两个专业，是我国第一所图书馆专科学校。1920年建成职员住宅，该住宅二层，砖木结构。1921年建成翟雅各健身房，该房二层，混合结构，屋顶形似中国宋代屋顶风格，二层重檐铺绿色琉璃瓦。健身房按现代体育馆功能设计。1922年建成学生宿舍，该宿舍三层，砖石结构。在这期间还建有多玛堂、博约室（外籍教师单人宿舍）、颜母室（女生宿舍）、水塔以及多栋教职员住宅。

武昌圣希理达女子中学（今武汉市第25中学），系美国圣公会布伦女士捐资于1874年在武昌鼓架坡（今武昌付家坡）创办，校名为布伦女子学校。1899年易名为武昌圣希理达女子学校，1911年迁至小东门现址后新建有教学楼。1914年又添建健身房、医院和多栋职工住宅。这些建筑多为二层，砖木结构，铁瓦屋面。1922年建成礼拜堂，采用传统的重檐做法，长十字形平面布局，屋顶木屋架承重，外墙砖砌清水墙，饰以哥特式尖券窗。

懿训女中，系基督教英国伦敦会富德女士于1894年在武昌昙华林创办，初名懿训书院。1922年迁到汉阳东门，改为懿训女子中学。1931年秋又迁至汉口胜利街（今武汉市第21中学），重新修建校舍。

图2-3 20世纪30年代懿训女中校貌照片

博文中学（今武汉市第15中学），前身系英循道公会于1887年设立的博文书院，起初是租用房屋做校舍。1890年英传教士巴修理在武昌书院街建成校舍和教堂。1908年，张之洞因扩建省图书馆，在大东门外，官购民地，重建博文书院新校舍。该楼为二层，砖木结构，"陈松记"营造厂承建。同时还建有砖木结构楼房10余栋，平房3栋，各项用房计174间，并建有礼拜教堂。该教堂一层，砖木结构。1924年11月，又扩建了校舍。在旧校舍南端建造东西横列的山字形西式楼房一栋，楼下是大礼堂、餐厅、理化实验室和图书馆，楼上是学生寝室。其建筑费为英国男爵华迪鲁捐赠。

图2-4 上图为博文中学门楼，今武汉市十五中学。21世纪，学校在保留门楼原有的建筑风格的情况下，对门楼进行加固和翻新，修旧如旧。

1896年，英国循道公会为了纪念英国传教牧师李修善在华31年的功绩，在汉阳区西门外大街北城巷修建了校舍，学校取名"汉阳训女书院"并开始招收女学生，成为汉阳最早的一所教会女子中学。学校学制初级四年，高级三年，年级设置上已和近代西方学校的办学体制相近，师范课程有四书、圣经、算术、手工作业等。

圣若瑟女子中学由意大利天主教武汉教区嘉诺撒修道院院长柏博爱（意大利人）于1911年创办。圣若瑟女校在汉口天主教堂斜对面，创办初期只是一所女子小学，分设初小、高小两部。后来开设中学部。圣若瑟女子中学的校舍是文艺复兴式建筑，三段构图，正

<<< 第二章 晚清，《天津条约》签订（1858年）前后的
汉口、武昌、汉阳学校体育文化溯源分析

面中间主口设门斗为阳台，中间三开间为柱廊，墙面为红砖清水墙，窗上下粉白色，红白相间，十分夺目。1952年8月，武汉市人民政府教育局接管"汉口若瑟女子中学"，定名为"武汉市第四女子中学"，1956年学校更名为"武汉市第十九女子中学"。

图2-5 汉口若瑟女校（武汉市19中学）

而杨格非本人也在1899年创办了私立汉口博学书院（今武汉四中）。

图2-6 汉口博学书院，今武汉四中：魏氏纪念礼拜堂

59

水稻之父袁隆平和中国返回式卫星总设计师林宝华当年是博学书院的校友,并且是在同一个书桌一起学习、生活度过了一段高中的求学时光。

三、晚清张之洞在武昌、汉阳引入新式教育及其改良

自强生于力,力生于智,智生于学。孔子曰:"虽愚必明,虽柔必强。"未有不明而能强者也[1]。夫才智之民多则国强,才智之士少则国弱。土耳其天下陆师第一而见削,印度崇道无为而见亡,此其明效也。故今日之教,宜先开其智(上清帝第二书)。教育及于士,有逮于民,有明其理,有广其智。能教民,则士愈美;能广智,则理愈明(上清帝第二书)。大抵国之智者,势虽弱,敌不能灭其国;民之智者,国虽危,人不能残其种。[2] 上述言论是康有为在《马关条约》签订后至戊戌变法前对晚清时局的认识,当然了这种认识作为时代的精英认识,也传递到彼时政治架构的顶层。教育是改变清王朝落后的良药之一。在中国的中部地区——湖北,有个官员提出"中学为体,西学为用,中学治身心,西学应世事"的口号。他就是张之洞,在时代的局限性(传统文化)的羁绊下,他清醒地认识到近代教育是让积弱的清王朝走出困境的主要手段之一。

---

[1] 张之洞. 劝学篇 [M]. 桂林:广西师范大学出版社,2008:65.
[2] 张之洞. 劝学篇 [M]. 桂林:广西师范大学出版社,2008:67.

<<< 第二章 晚清,《天津条约》签订（1858年）前后的
汉口、武昌、汉阳学校体育文化溯源分析

图 2-7 张之洞

张之洞在任湖广、两江总督时逐渐意识到新式教育必须在国内在制度上确立其办学的必要性；在其《劝学篇》中，他认为游学外洋之举，所费既巨，则人不能甚多，且必学有初基，理已明、识已定者，始遣出洋，则见功速而无弊，是非天下广设学堂不可。① 在康有为的《请饬各省改书院淫祠为学堂折》（康有为撰于1898年，百日维新中，呈光绪帝重要奏稿中），就提出各直省及府州县，鲜有书院，而中学小学直省无之。莫如因省府州县乡邑公私现有之书院义学学塾，皆改为兼习中西之学校，并鼓动绅民，捐创学堂。

如何让新学与旧学相融合，在实践中得到发展呢？张之洞对新学堂提出五要：一曰，新旧兼学。旧学为体，新学为用，不使偏颇。二曰，政艺兼学。学校、地理、度支、赋税、武备、律例、劝工、

---

① 张之洞. 劝学篇 [M]. 桂林：广西师范大学出版社，2008：75.

通商，乃西政也；算、绘、矿、医、声、光、化、电，乃西艺也。三曰，宜教少年。学算，须心力锐者；学图，须目力好者；学格致、化学、制造，须质性颖敏者；学方言，须口齿清便者；学体操，须气体精壮者。四曰，不课时文。新学既可以应科目，且与时文无异矣。五曰，不令争利。外国大小学堂，皆须纳金于堂，以为火食、束脩之费，从无给以膏火者。中国书院积习，误以为救济寒士之地，往往专为膏火奖赏而来。本意既差，动辄计较锱铢，岔争攻讦，颓废无志，紊乱学规，剽袭冒名，大雅扫地矣。①

新学需要大量师资，张之洞认为就新学而言，师不苛求。因为新学初设之年，断无千万名师。而西学诸书，沪上刊行甚多，分门别类，政、艺要领，大段已详。高明之士，研求三月，可以教小学堂矣。两年之后，省会学堂之秀出者，可以教中学堂矣，大学堂初设之年，所造亦浅，每一省访求数人，亦尚可得。三年后，新书大出，师范愈多，大学堂亦岂患无师哉？

张之洞在鼓励学子出国游学方面是持积极的态度的，在其上奏给光绪帝的奏折中，也认为：出洋一年，胜于读西书五年，此赵营平百闻不如一见之说也。入外国学堂一年，胜于中国学堂三年，此孟子置之庄岳之说也。康有为在《上清帝第二书》中就提出：激励士庶，出洋学习，或资游历，并给凭照，能著新书，皆为优奖，归授教习，庶开新学，则上之可以赞圣聪，下之可以开风气矣。在康有为的《清广译日本书派游学析》中谈道：唯日本道近而费省，广历东游，速成尤易。张之洞在鄂数十年，选派湖北青年东渡日本留

---

① 张之洞．劝学篇［M］．桂林：广西师范大学出版社，2008：78.

<<< 第二章 晚清,《天津条约》签订（1858年）前后的
汉口、武昌、汉阳学校体育文化溯源分析

学的为当时最多。据光绪三十二年的统计，留日学生全国各省共计五千四百余名，湖北所派学生即有一千三百六十余名，占据全国四分之一。

办学从自强学堂（今武汉大学前身）开始，张之洞新式教育在武昌城内，就扎下根来。如后来的湖北农务学堂（今华中农业大学前身）、湖北武昌蒙养院、湖北工艺学堂等。其中湖北工艺学堂历经百年变化后，现在的武汉理工大学、华中科技大学、武汉科技大学、河南工程学院、郑州电力高等专科学校、广东轻工职业技术学院均都与之有一定的渊源。

自强学堂是武汉大学的前身，于1893年由湖广总督张之洞为培养"精晓洋文"的外交人员，奏请清政府创办的中国近代教育史上第一所真正由中国人自行创办和管理的新式高等专门学堂。光绪十九年（1893年）十一月，张之洞请立自强学堂。他奏称学堂宗旨：洋务日繁，动关大局，造就人才，似不可缓。亟应及时创设学堂，先选两湖人士，肄业其中，讲求时务，融贯中西，研精器数，以期教育成材，上备国家任使。

1903年，自强学堂改为方言学堂，校址迁至武昌东厂口正街原农务局旧址。方言学堂学习历史、地理、公法、交涉等课程，分习英、法、德、俄、日语。学制五年。方言学堂后发展成国立武昌高等师范学校、国立武昌大学。1928年定名为国立武汉大学。

政治主张决定着教育主张，晚清有民主共和派，有君主立宪派，还有就是维护旧的统治的君主专制派。张之洞属于君主立宪派，在教育上，主张人才教育主义。张之洞虽提倡新学，但骨子里受旧式

教育过深，仍未挣脱封建社会的老套路，三纲五常是其核心的立命之说。在坐镇湖北任湖广总督时，为自身利益集团考虑，顺应某些社会发展，讲究贤人思想，力主人才教育主义。因此，对待高等教育的发展，尤为倾心尽力；这也体现了一种忠君思想。

究其一生而言，张之洞在教育的改良上倡导培养"通才"。对他来说，"通才"是指培养经国济民的人才；其次是培养中西贯通的人才。鉴于此，在其培养过程中，要新旧兼学；政艺兼学；学成之后，为国家的领袖人才，足以经国济民。

四、晚清西方近代学校教育体制融入汉口、武昌、汉阳地区的现代性分析

历史学家汤因比在1947年出版的《历史研究》一书中，把人类历史划分为四个阶段：黑暗时代（675—1075），中世纪（1075—1475），现代时期（1475—1875），后现代时期（1875年至今）。他划分的"现代时期"是指文艺复兴和启蒙时代。而他所认为的后现代时期，即1875年以来，理性主义和启蒙精神崩溃为特征的"动乱年代"。按照"现代性"最权威的理论家哈贝马斯的说法，"现代"一词为将其自身看作古往今来变化的结果，也随着内容的更迭变化而再三地表达了一种与古代性的过去息息相关的时代意识。哈贝马斯指出："人的现代观随着信念的不同而发生了变化。此信念由科学促成，它相信知识无限进步、社会和改良无限发展。"

很显然，现代性是指启蒙时代以来的新的世界体系生成的时代。

>>> 第二章 晚清,《天津条约》签订(1858年)前后的
汉口、武昌、汉阳学校体育文化溯源分析

一种持续进步的、合目的性的、不可逆转的发展的时间观念。正如汪晖①(1959年10月—；清华大学中文系与历史系教授，入选清华大学首批文科资深教授)所概括的那样:"现代"概念是在与中世纪、古代的区分中呈现自己的意义的,"它体现未来已经开始的信念。这是一个为未来而生存的时代,一个向未来的'新'敞开的时代。这种进化的、进步的、不可逆转的时间观为人们提供了一个看待历史与现实的方式,而且也把人们自己的生存与奋斗的意义统

---

① 汪晖是著名学府清华大学的教授,他被视为"新左派"的代表人物。
经过漫长的文学史和思想史研究的旅程,他对传统分析提出疑问,解构老一套的亚洲观念,并提供了一种能够超越欧洲及欧洲中心主义典型视角的叙述。当亚洲人谈亚洲时,他们究竟在谈什么？虽然汪晖的作品主要论述中国,但他的反思拓展出更为广阔的问题,试图通过思想史的深刻分析,超越现代性的传统模式。汪晖之所以将西方模式与另一种模式对立起来,是因为他想重建历史并通过对历史的反思,给今人提供掌握自己文化传统的钥匙。换句话说,他将历史置于新的亚洲形象内,并探索其在当代世界中的角色。汪晖所主张的历史观体现了当代世界的文化对话,他用客观知识和批评工具来证明它。他从一些著名的中国学者的分析入手,如严复(1854—1921)、梁启超(1873—1929)以及章太炎(1868—1936):这些学者研究西学的学说和方法,又都反对西方科学的霸权,支持人文文化(儒学、佛学与道学)。
就汪晖而言,我们不能太轻易把欧洲思想的典范应用于中国历史,即使反过来说中国本地模式未必保证对中国历史的正确、客观的理解。这里可以举一个例子:汪晖认为帝国与国家的二元论完全属于西方思想,这种二元论将中国制度等同于帝国,将西方制度等同于民族国家。因此,他认为与其采用这些范畴不如借助宋代(960—1279)儒学所用的词汇,根据他的研究,近代"帝国"的范畴并非源自中国传统的同一概念,晚清中国从日本与西方才引进这个词。中国传统自古代以来离不开"天下"概念,即"what exists under Heaven",或"全世界"。与"帝国"相比,"天下"观念有不同的含义;它反映了中国对于自己的角色的自我意识,这种角色缺乏一种与他者的碰撞关系。"天下"概念不能被解释为一种政治体系("a political entity"),相反,它体现了一系列与天地人有关的价值和理念,或总的来说,"天下"概念与中国宇宙观有密切的关系。
汪晖承认儒学思想的价值,尤其宋代儒学:这一思想传统不仅仅是一种学派,而且在漫长的历史中,也给王朝提供了政治合法性的条件。在中国历史的关键时刻,例如,在汉代统一过程中,或者在外来民族的统治下,如元朝和清朝,儒学经典——尤其今文经学——为保证王朝的合法性发挥了尤其重要的作用。这些王朝不得不依赖中国传统知识以确立自身的合法性,而汉族也未必屈服于这些民族的文化和风俗习惯。

纳入这个时间的轨道、时代的位置和未来的目标之中。"

我们溯源看杨格非将西方的近代教育植入汉口镇的时候，是某种"绑捆"吗？是上帝带着近代的思维走进传统的儒家文化家园之中？杨格非没有歧视这片土地，虽然他的骨子里流着基督教新教的血液，虽然他是公理宗（Congregationalists）的信徒，但是他在生命的一大半时间里把自己与中国联系在一起（其中在汉口镇生活了五十年之久：1861年到汉口镇，1921年离开），他似乎是站在中国人的角度上与中国人交流，又似乎是用中国的文化感悟着彼时的国人。也许他有如此"开明"思想的是源于他受到过公理宗①的教育洗礼。在他寄给伦敦传教会的信中，他有过这样的描述："很难用词语来形容当我亲身来到汉口时的感受。我不敢相信自己已经站在了中国的最中心，此前，这里还对外来的蛮夷严格封闭，能够作为基督传教士出现在这座著名城市的街道上绝对是上天对我的恩惠。我想起了很多非常渴望却从未见到的伟人。我想起了米尔恩，他充满激情地

---

① 公理宗（Congregationalists），基督教新教主要宗派之一，又称公理会。16世纪末英国人罗伯特·布朗（Robert Browne，1550—1633年）首倡。以公众治理的教会制度为特征，主张各个教堂独立自主而由各该堂的教徒公众管理。不赞成设立统管各个教堂的上级行政总机构；主张只设立由同派教堂自由参加的联谊性机构。其教会主要有公理会、浸会等。由于该宗宗旨只涉及教会的组织制度方面，故在教会的其他方面，可同时属于其他宗派。如在礼仪形式方面，浸会又属于"浸礼宗"。公理会的信仰比较自由化，强调个人信仰自由，尊重个人理解上的差异。
它承认圣经启示的权威性，也尊重个人对圣经的不同理解。每个会堂都有选择所遵奉的信条的自由。也不强调信经的权威性、约束性。信徒一般只要承认耶稣为救主，即可被接纳入教。该宗极为重视个人的理性和信仰自由，注意保护持异议的少数派的权利，实行圣洗和圣餐二种圣礼，圣洗通常为婴儿施洗。该宗认为上帝的话对教会至为关键，所以布道在教会生活中占有重要位置。公理宗主张在宗教信仰方面，男女之间并无差别。故妇女在该宗一向十分活跃，与男子享有完全平等的任圣职的权利。公理宗自建立迄今已有300余年的历史。其宗教思想在英国资产阶级革命前和革命进程中曾起到了动员与组织群众的积极作用，对北美殖民地的开发也收到一定的成效。

<<< 第二章 晚清,《天津条约》签订（1858年）前后的
汉口、武昌、汉阳学校体育文化溯源分析

来到广东,渴望那里准许他传教,却遭到了无情的驱逐。我想起了麦都思,回忆起我在上海听到他做的最后一次祈祷'哦,上帝,请打开中国的大门,让你的仆人们得以在各地传教。'我想到了这些人和其他一些人,他们在过去的岁月里进行了长期而出色的工作。我感觉他们好像出现在我的面前,看着我充满喜悦的样子,和我一同分享在神的意志下,中国终于不再排外的战果。我感到这就是上帝安排我要定居的地方,我的心终于可以安定下来了。"[①] 其实,从近代资本主义的时代中,欧洲在经过了科学与民主的思想磨砺之后的社会,在一种不自觉中朝着社会现代化（现代性的懵懂）的方向踱步、迈进。杨格非（欧洲人）他们不知道现代性是什么,他们在思想上已经接受过现代性的洗礼（近代教育）。他们打着上帝的幌子,在枪炮声,傲慢地踏进中国这片古老的土地。待他们在中国的土地上待一段时间后,他们中有的人回归到他们作为教民的信仰之中,想让上帝永久地存在于这片古老的土地上。

《天津条约》后的汉口与世界别扭地接通了贸易之路,这种开放和允许外商"定居",给汉口带来了商业上的繁荣。外国侨民的增多,首先是礼拜堂的修建,其次是西式医院的开办与基础设施的建设等。至19世纪六七十年代,在杨格非倡导下,汉口的传教会共计修建了五家综合医院、一家妇科医院、一家麻风病医院。其实早在医院成立时,教会就将西式教育引入这座城市。他们在汉口建成了一所男子学校。学校成立伊始,学生人数并不多,只有四十名男孩

---

① 罗夫·华罗德·汤普森.杨格非：晚清五十年 [M].赵欣,刘斌斌,译.天津：天津人民出版社,2012：109.

在那里就读；就教学内容而言，基本上与西方国家最为基本的教学内容类似。但对于这些男孩子而言，学习算术、历史或地理并不能让他们在中国人的圈子里获得任何炫耀的资本。所以早期的教会学校在当时中国的社会背景下，也只能按照中国的模式来传递旧式文化教育；尽管如此，这些教会学校还是向学生传授了关于《圣经》的知识。后续在武昌、汉阳等地，教学学校慢慢拓展开来。到了19世纪90年代，"戊戌变法"让科举制遭到了灭顶之灾。杨格非也许从未想过他会在有生之年看到中国的教育以及考试体系发生巨大的变革（在过去中国的那种体制中，男人可以通过读书和考试一步一步地获得功名与荣耀，直至最终获得朝廷最高的官职），而现在，它已经开始改变。在汉口和中国的其他城市，青年人开始接受西式教育。这就使得教会学校对现有的教育方式进行重铸。从幼儿园到高中，近代的西方教育体系以一种"平铺直叙"的方式在汉口、武昌沉淀下来，落地生根。杨格非甚至想到要办一所师范学校，以解决教会学校日益匮乏的师资问题。

汉口博学书院是杨格非亲手创办的（1899年）。在杨格非去世（1921年）七年后，博学书院改名为博学中学（今武汉四中）。博学建校之初，原在汉口花楼街民巷内，随后在市郊韩家墩、刘家墩（今汉口解放大道347号古田三路）兴建这所规模宏大的校园。博学书院占用的土地全部是韩、刘二墩地方农民自耕良田。杨格非贱价收购（实际上是占领），为在道义上弥补这种占有，杨格非许下的口头协议是：凡是韩、刘二墩地方的农民子弟入学，可以免费或减费。但对于当时的农民子弟来说，能够维持家庭的温饱生活就足矣，哪

第二章　晚清,《天津条约》签订（1858年）前后的汉口、武昌、汉阳学校体育文化溯源分析

有多余费用和时间、精力去读书，尤其是这种教会学校。因此，从建校之初到1927年以前，韩、刘二墩只有信奉基督教的两户人家共七人，得以免费入学，完成高中或初中学业。他们因英语较好，毕业后，大部分考入海关工作，其中一人考入香港大学。

　　1896年至1937年间，基督教伦敦会先后派遣潘亚德、"余洋人""鲍洋人"（韩、刘二墩村民对二人的称呼）、马辅仁、孔乐德夫妇、纪立生、耿仁和伯格里等人到博学书院参与教育管理工作。他们主管学校财权，对用人、开销等事宜，均是按照需求进行管理。教会学校的办学宗旨是传播基督教的教义，培养为教会服务的人才。博学中学自向当时政府教育部门立案后，自当传播孙文学说、孔孟之道，同时在高年级设置宗教课，组织早晚祷告；星期日组织学生去教堂做礼拜，并组织学生参加查经班和唱诗班。由此，学校就形成了多元的教学格局。学校采用的教材是商务印书馆、中华书局、世界书局出版的教材。除国文外，其他科目均采用英文原版教材。聘请的教师多来自金陵大学、安徽大学、华中大学和香港大学等名校。学校有比较齐全的理科教学实验室。高中的生物、物理、化学三科根据教学内容，每周或间周安排实验课，由学生自己动手操作。生物实验室有六七架显微镜供学生使用，并有生物解剖课。学生户外采集、制作的生物标本可陈列于生物实验室内。化学实验室条件也比较好，学生可以在其中制作三酸、氢氧氮、酰化氢灯、雪花膏等。高三学习三角时，学生能用正余角公式计算建筑物的高度和远距。高三年级学校还安排学生学习经济学等社会实践课程，让学生对市场经济的供求规律有一定了解，对李嘉图的地租论、马尔萨斯

的人口论，也让学生了解一二。上述办学理念一直持续到解放初期。

1903年，德国传教士买下了武汉市汉口西郊后湖地区的一片土地，建立了德华学堂。当时的德华学堂是想办成具有工商性质的学校，并为上海同济大学作预校。1908年入校的刘向山在1971年回忆说："当时德国的化学工业，尤其是染料工业很发达，所以他们学了很多有关染料方面的知识。从学校毕业后，可保送上海同济大学及至德国留学，也可介绍到德商洋行就业。"然而，由于第一次世界大战爆发，1917年中国宣布对德作战，德华学堂遂告停办。德华学堂虽然只开办了短短几年，但给当时的学子留下了享用一生的教诲，那就是德华的校训："为学之道在于严，为人之道在于德。"

1918年，第一次世界大战结束后，德华学堂被我国政府接管，更名为湖北省立汉口中学。1923年更名为湖北省立第三中学。1927年春，湖北省立第三中学与其他七所学校合并改组成综合制中学——湖北省立第二中学。1928年，学校又被德国人收回产权。1933年湖北省天主教总主教希贤报请意大利政府，从"庚子赔款"内拨款买学校全部的产权，于1935年在德华学堂原址创办一所男校，定名为私立汉口上智初级中学。

1938年按照省教育厅立案标准，学校成立高中部，正式定名为私立汉口上智中学。到1953年，上智中学才正式由武汉市人民政府接管，更名为武汉市第六中学。

德华学堂创办时所在的后湖地区系荒僻低洼之地。德国人从邻近一带取土填积成为校舍的地基，并从德国运来红松木等建筑材料进行施工建校。1908年共建成三栋楼，中间为教学楼，左边为学生

<<< 第二章 晚清,《天津条约》签订（1858年）前后的
汉口、武昌、汉阳学校体育文化溯源分析

宿舍,右边为健身房（内设,金工房）。1935年,希贤主教在这片原址上重建的上智中学由范奔公校长掌管全校事务,意大利人诺厄神父掌管经济。他们在德华学堂旧址的外围筑了一道围墙,又栽了许多树木花草,绿化校园。健身房的前面,新建了一座小礼拜堂,以供天主教徒行弥撒之用。平整了体育场,购置了一些体育用品,添置了许多图书、仪器、生物标本等。

创办之初,上智招收初中一年级上学期新生70人,分为甲、乙、两班,教职工8人。随着学校的发展和学生人数的增多,上智不断筹措经费,扩大校园的各项建设规模。到1938年,增设高中部,学生约有270人,教职工17人。抗战结束,上智迅速恢复和发展起来,多次筹款,扩大学校规模,给学生德智体全面发展提供了良好的物质环境。1943年毕业的余青萍在回忆他入校的心情时说："别上智虽曰私立而地址清静,校舍宏大,且闻设备周全,至若理化实验仪器尤杰出于武汉各校,必不吾负也,志遂决。"

从19世纪后半叶至20世纪初期,汉口、武昌、汉阳三地兴起教会办学,至1921年,英方教会主办的学校有5所,学生人数713人；美方教会主办的学校达16所,在校学生人数有2266人。而至民国末年,教会学校在经历五四运动、抗战、内战等时代变迁影响波动后仍有14所,在校人数4960人。[1]

仅就教育的近代化而言,以教会大学为代表的教会学校系统既是中国传统旧教育的历史否定物,又是西方教育模式的集中代表者。不管教会大学在否定旧教育、创立新教育的工作中是否表现出色,

---

[1] 李珠,皮明庥.武汉教育史（古近代）[M].武汉:武汉出版社,1999:106-118.

在中国被大炮轰出中世纪的社会转型期，它们注定要扮演历史所赋予它们的角色。教会大学的成长和发展并不平稳、顺利，虽然其管理体制、办学方式、课程设置等不断引起争议，但最终日益为中国所接受。究其原因，主要是处于近代化过程中的中国社会需要西方文化教育的刺激与示范，教会大学恰恰起到了这样的作用。刚刚走出封建主义一统天下的中国教育在教会大学那里，看到欧美教育的奇妙之处，其先进的办学方式、新颖的课程设置、高效的管理体制等，都深深影响到中国创建新教育的工作。

然而，教会大学不断发展的同时，在国外学校接受过先进思想的中国新式知识分子群体也在不断壮大，并日益成为运用西学、建设中国新教育体制的主体。当教会大学不再是中国培养西学专业人才的唯一机构，中国人有能力从不同渠道获取西学知识并独立思考自己的近代化问题时，教会大学源于宗教、作为西方在华教学机构所具有的弱点就被人们所强烈地意识到，并被这一时期不对等的中西关系所放大。当教会大学步履蹒跚地走过无数坎坷，一方面为自己越来越远离办学的初衷而苦恼，另一方面为自己日益加大的与中国社会需求的距离而困惑时，中国社会主要基于政治上的选择为教会大学的存在画上了句号。

<<< 第二章 晚清,《天津条约》签订(1858年)前后的
汉口、武昌、汉阳学校体育文化溯源分析

五、从游戏到操课的学校体育萌芽发展

游戏是社会活动①方式之一,存在于社会各个角落。从个体到群体,游戏作为一种介质,是促进个体间交流的机制之一。从幼儿的自然本能属性到儿童、成人的社会属性,游戏存在的意义就是让自然人变成社会人。自孔子开坛讲学始,教育作为社会活动之一,延续至今;身体的教育似乎被屏蔽在儒家文化的"善"之中,身体的刻意磨砺似乎仅存于军事训练之中。在"善"的背景下,身体成长的诉求被游戏代替。古希腊体育运动游戏精神与尚武观念直接导致了与古代东方的各个文明古国相比,体育在古希腊社会中拥有着极其重要的社会地位。每四年一度的祭奠宙斯神的奥林匹克竞技会是希腊各个城邦共同的神圣宗教节日,四年的奥运周期在古希腊被称为"奥林匹亚德",是希腊人重要的纪年方式。奥运会期间希腊各个城邦都以神灵的名义遵循"奥林匹克神圣休战",各个城邦在奥运会期间不能发生任何形式的战争。除奥运会之外希腊人另外的三大竞技会:尼米亚、皮托、伊斯特摩运动会同样也是全希腊人的节日。体育是古希腊教育的最为重要的组成部分,身体柔弱、缺少身体训练被认为是缺乏教养的表现。体育运动在社会上的重要地位在古代

---

① 德国社会学家 M. 韦伯在社会学意义上较早使用社会活动概念,并力图揭示其本质和性质。他把社会活动分为价值合理型、目的合理型、传统型和情感型 4 种。他认为目的合理型的活动代表最高层次的合理型,因为它体现了目标、手段和结果的优化配置,是与资本主义社会现实相联系的一种社会活动类型。美国社会学家 T. 帕森斯在韦伯研究的基础上,形成了自由意志理论,包括活动者、活动者追求的目标、实现目标的手段、活动者面临的各种环境条件、价值观和规范以及其他影响行动的观念等变量,并形成不同的行动模式。中国社会学家孙本文分析了社会活动的 3 种情况:交互活动;共同活动;交互共同活动。

世界其他各文明中极其罕见，并且对后来的西方体育也产生了重要影响。

一般来说儿童游戏都具有一种结构性，而游戏又都是在一定的社会情境下进行的。正如赫伊津哈[1]认为的那样，游戏是一个在特定时空界限内的秩序，而这种秩序与真实的生活世界是隔绝、无关的。在这个特定的时空界限内，游戏主体依据游戏规则生产了自身的秩序。我们可以称之为"游戏社会"。在这种"游戏社会"里，不同游戏主体之间形成的游戏关系建构了"游戏社会"。而每个游戏主体都在这种"游戏社会"的结构里占据了一定的位置。游戏主体在"游戏社会"里所占据的位置决定了他们或处于游戏中的支配者地位或处于游戏中的被支配者地位，而"游戏社会"正是在二者之间的社会互动过程中不断实现自我生产和再生产的。需要指出的是在"游戏社会"里，这种处于对立状态的地位结构是由游戏的自身性质决定的，因为冲突（竞争）是"游戏社会"的主要社会机制之一，另一种主要的社会机制就是合作。

德国社会学家达伦多夫在分析工业社会的阶级冲突时认为，任何社会组织，在结构上都可以看作是由两部分人组成的。其中一部分人是拥有权力的统治者，另一部分人则是丧失权力的被统治者。而社会正是由此二者基于权威关系的不同分配被结构化的[2]。因此，在达伦多夫看来，社会结构就是由在权威关系中占据不同位置的人组成的，他们分为支配者（统治者）和被支配者（被统治者）两部

---

[1] 荷兰文化史学家，主要著作有《我的历史之路》《中世纪的衰落》《明天即将来临》《游戏的人》等。

[2] 谢立中. 西方社会学名著提要 [M]. 南昌：江西人民出版社，1998：210-214.

第二章　晚清,《天津条约》签订（1858年）前后的汉口、武昌、汉阳学校体育文化溯源分析

分。如此看来,尽管"游戏社会"不同于真实的生活世界,但是"游戏社会"的结构却映射了真实的生活世界之社会结构。因为它们都是由支配者和被支配者的相互关系构成。或者说"游戏社会"的结构与真实的生活世界之社会结构具有同构性。正是因为两种不同社会结构的同构性,我们说"游戏社会"映射了真实的生活世界之社会结构。这种"映射机制"正是儿童通过"游戏社会"里的游戏实践生产和再生产"游戏社会"的结构方式,获得了关于真实的生活世界之社会结构的生产和再生产的逻辑知识之关键。换句话说,真实的生活世界之社会结构通过儿童游戏的方式之所以能被儿童所体验和感知,就是因为"游戏社会"的结构映射了真实的生活世界之社会结构。在这里"映射机制"就是儿童游戏的社会化功能得以发挥的作用机制。正是在这个意义上,我们说儿童被游戏社会化了,因为他们通过"游戏社会"的实践、体验和感知了真实的生活世界之社会结构。

相较于欧洲的古代农业社会,中国的古代农业社会由于地理环境优势,让我们的稻耕文化在满足、缓和社会个体间的生存矛盾有足够的拓展空间;使得"善"在某种意义上弱化了游戏功能的狩猎性,舒张了"善"的过程,对游戏的目的性不断演化,而不是单纯地强调"欲"或者是"恶"的自然性。优胜劣汰的自然架构被多元社会发展格局不断充实的另类思维,身体的客观性被单一化,而游戏被赋予的自然性成为社会性的重新解读。从"闻鸡起舞"到"玩物丧志",我们强调的是思维的规训和被自我性。

蹴鞠作为中国古代的一种民间游戏,其历史源远流长,从传说

中的黄帝时期因军事需求而出现到清朝受文化政策压迫而衰落，几乎贯穿了整个中华文明的发展进程。《辞海》记载，蹴鞠亦作"蹙鞠""蹋鞠""蹴鞠"等。关于蹴鞠最早的记载可见于《战国策·齐策一》，书中说："临淄甚富而实，其民无不吹竽、鼓瑟、弹琴、击筑、斗鸡、走狗、六博、蹹鞠者。"到了汉代，随着战国动乱时局的结束，经济、文化迅速发展，古代的蹴鞠也迎来了第一个高峰时期，蹴鞠运动的规则、形式都在这一时期奠基，甚至可以发现现代足球的影子。此时蹴鞠的风潮开始从民间逐渐进入宫廷，又受宫廷贵族的影响再次传向民间，从而达到一个发展的高峰。桓宽的《盐铁论》记载，"贵人之家，蹋鞠斗鸡""康庄驰逐，穷巷蹋鞠"。

在汉代，蹴鞠根据不同需要主要有两种形式，一种是以蹴鞠为主要表演形式的舞蹈，叫蹴鞠舞，表演时表演者随着音乐的变化用脚对球做出各种花式动作，类似于今天我们看到的"花式足球"，是一种放弃竞技性的纯粹娱乐运动。在近年来出土的汉画像石上可以见到这一运动的表现，长袖起舞，脚下鞠球灵动，有多人配合，且从画像上看多是由女子表演，说明女性参与蹴鞠或者说足球的活动在汉代便已兴起。

另一种则是根据军事需要形成的，有对抗性的蹴鞠比赛。汉代因为边境上匈奴的长期入侵和骚扰，历代皇帝都非常重视军事力量的发展，而蹴鞠作为可以"习手足"的一项运动，可以通过锻炼提升士兵们的速度、耐力、爆发力以及灵活性，因此在军中受到推崇。汉代骠骑大将军霍去病北征匈奴的时候，就让士兵训练蹴鞠，来锻炼他们的意志、体力和战斗力。军中的蹴鞠比赛在汉代已经有了完整详备的竞技规则，场地是专门的球场——"鞠城"，呈方形，两端各有六个"穿地"而做的"鞠室"，比赛时对战双方各出六名球员和六名守门员，并配有两名裁判，以进球判定胜负。

而东汉末年至隋唐，随着动乱局面的逐渐稳定，蹴鞠运动由动乱时没落，在唐代再一次达到高峰。从这一时期开始，蹴鞠运动开始发生重要的变革，首先就是军事训练的对抗性鞠球运动慢慢消失，逐渐演化为大众的娱乐性竞技运动。唐代蹴鞠的这种变革无疑是社会变革的一个缩影，一方面是高超的手工艺制作技术水平的展现，另一方面则充分展示了当时社会相对开放的文化氛围。除此以外，必须提到的是，因为唐代诗歌的繁荣，蹴鞠开始在文学作品中频繁出现，成为一种带有体育、民俗、市井色彩的意向。例如韦庄曾在《丙辰年鄜州遇寒食城外醉吟五首》以"永日迢迢无一事，隔街闻筑气球声"描写"寒食"踢球的风俗；韦应物《宫词》也用"寒食内人长白打，库中先散与金钱"描写宫廷中的蹴鞠表演活动；杜甫《清明》以蹴鞠为抒情对象，"十年蹴鞠将雏远，万里千秋习俗同"，将寄托哀思忧愁融入鞠球；曹松《钟陵寒食日与同年裴颜李先辈郑校书郊外闲游》中描写市井蹴鞠的盛况，"云间影过秋千女，地上声喧蹴鞠儿"。

宋代的蹴鞠，继唐代之后进一步在民间开展起来，最重要的特征就是商业性的开发，促成了宋朝成为蹴鞠发展的最兴盛时期。极盛而衰，是万物发展的规律。元明以后，蹴鞠逐渐走向纯娱乐的游戏形式，也就慢慢走向了衰落。在元代，蹴鞠成了杂技性质的表演活动，出现了专门从事蹴鞠活动的女艺人。在封建意识浓厚的古代，这些女艺人专供纨绔子弟消遣娱乐，为士人所不屑；并且为了吸引客人，蹴鞠也成了彼时妓女招揽客人的一种手段，由军营到朝堂到民间再到妓院，蹴鞠运动的地位和社会认可度也由此跌入了谷底，视为过于商业化和大众化的一种悲哀。至清代，由于满族民族文化习惯的巨大差异，蹴鞠不再受重视，主要变为妇女和儿童茶余饭后嬉戏娱乐的活动。

纵观中国古代蹴鞠发展的整个历史，从汉朝真正兴起，至隋唐由鼎盛慢慢走向衰落，有三个发展节点的文化引导失误是起着决定性作用的。其一，唐朝所创的单球门比赛，单球门的比赛时队员分立球门两侧，没有身体接触，因此更多的是作为观赏性的表演；汉代时双方的激烈对抗没有了，虽然具有一定的观赏性，但丧失了竞技氛围和代入感。而这二者恰恰是现代足球或者说现代体育运动中最为重要的组成部分，这成为中国古代足球运动的一个大转折。其二，最终蹴鞠走向衰落的清朝，满人入驻中原以后，依旧尊崇狩猎、骑射的风俗，对汉民族传统文化采取压制的政策，提倡狩猎、射箭等游牧运动，足球进一步沦为纯粹的娱乐和杂技项目，极具商业性与娱乐性却缺乏内涵，从而进一步走向衰落。此外便是宋、元时过于浓重的商业化，从军营到朝堂到民间再到妓院，蹴鞠运动的社会地位被统治者视为蛊惑人心之物，让人玩物丧志。

关于古代蹴鞠的衰亡原因，大多数学者认为是由于蹴鞠在发展过程中竞技性减弱、娱乐性增强并受传统文化思想束缚及宋明理学禁锢等。具体来说包括三方面，即竞技性的减弱、中国传统文化的束缚、节日载体的消失。李明在《蹴鞠为何没有成为现代体育项目》

第二章 晚清,《天津条约》签订(1858年)前后的汉口、武昌、汉阳学校体育文化溯源分析

中认为蹴鞠衰亡的原因是其竞技性的减弱。夏思永则从我国古代蹴鞠球门的演变角度指出蹴鞠的消亡原因是其竞争性的逐渐减退,进一步强化了此观点。兰雷在《中国古代蹴鞠的起源、发展及消亡》中认为"蹴鞠具有对抗性、竞技性、娱乐性和健身性","元代以后,娱乐性越来越突出,其他三种特性逐渐减弱,于是衰微以至消亡"。在强调蹴鞠竞技性减弱的同时,又点明其娱乐性的增强。其次是中国传统文化的束缚。钱文军指出中国传统文化中"中庸""无为"等消极思想是蹴鞠衰亡的重要原因。杨林从文化学视角比较分析了古代蹴鞠衰亡和现代足球的兴盛之后,认为是中国传统文化中的"中庸"等思想导致了蹴鞠竞技性的减弱,并成为其衰亡的重要原因。再如张树军、贾顺成、王淑琴等学者均把其衰亡归因于传统文化的束缚和宋明理学思想的禁锢。而周驰的《中国古代足球——蹴鞠消亡原因新论》则从内外因两方面说明蹴鞠的衰亡,一是其自身功能的衰退,二是"中庸"等思想的影响、统治阶级的反对以及节日载体的消失。王俊奇在《蹴鞠衰亡历史原因再研究》中这样表述蹴鞠的衰亡原因:"社会文弱之风是其根源……蹴鞠对象的弱势化造成了蹴鞠的边缘态势。"

欧洲大陆则靠海而居,内陆的自然资源无法满足社会的物质需求,只能是从海洋中攫取资源来满足自身的发展,环境的因素导致游戏社会必须满足身体的生存基本要素,身体是获得生产资料的主要来源。所以,游戏的本身突出了自然性,带有强烈的狩猎元素。

早在宋代,中国就存在资本主义社会的萌芽发展征兆,明代的社会发展也开始有资本主义的思想懵懂出现。游戏作为身体教育的

社会性折射，仍旧是被桎梏在"善"中（独善其身），游戏附带的"谦和"性与"礼"性，让中国的朝代迭变，后来均悄然无声地在封建社会的道路上持续走到20世纪。两次"鸦片战争"让国人意识到身体的自我觉悟，但是具有讽刺意味的是，鸦片在清朝初期至中期与英国人的贸易中开始，被鸦片荼毒的国人直到清末期还未产生"民族兴旺，匹夫有责"的担当意识。在某种意义上，鸦片让统治阶层意识到亡种比亡国更可怕，"戊戌变法""百日维新"将国门打开后，近代教育开始在中国生根。

操课或体操在欧洲的发展受到晚清统治者的关注，主要是体操的发展，从瑞典体操到德国体操，在改进国民体质状况、培育国民的爱国主义思想方面有着一定的价值。

瑞典体操是由瑞典人 Peh Henrik Ling（1776.11.15—1839.5.3）在19世纪初建立了身体文化和身体练习体系，在汉语的文献资料中一般称之为"林氏体操"。在系统地建立林氏体操体系之前对体操体系的发展和推广贡献最大的是德国人古茨姆兹。古茨姆兹是博爱主义的教育改革家，被德国另一名体育家"德国学校体操之父"斯皮兹称为德国学校体操的"祖父"。

古茨姆兹从1786年开始在德国图林根州（Freistaat Thüringen）施奈芬塔尔（Schnepfenthal）的一所博爱主义教育学改革学校做老师，教授体操、地理和手工课程。1793年出版了最重要的著作《青少年体操》(*Übersetzt von Teen Gymnastics*)。这是第一本关于身体练习（Physical exercises）的教科书，主要的对象是青少年，训练在学校中进行，在书名中首次使用"体操（gymnastik）"一词。

>>> 第二章 晚清,《天津条约》签订(1858年)前后的
汉口、武昌、汉阳学校体育文化溯源分析

古茨姆兹当时的基本想法是阻止德国现代社会在身体方面的衰退,将"身体训练"(Körperliches Training)的思想纳入学校。在古茨姆兹推行的练习中,有很多内容是以古希腊体操为榜样,但是他又有足够的批判精神和自我意识。他的体操内容并不是全部都为了满足当时运用的需要,而是紧紧地围绕着德国需要的目的来采纳古典的、理想的、和谐的身体训练,而并不是完全参照希腊人和罗马人的身体运动形式。

在这本书中,古茨姆兹将内容按照练习的形式分成8类,包括了跳跃、跑步、投掷、摔跤、攀登、平衡、举重和负重、舞蹈、步行和军事练习等内容。这本书包含了对身体练习非常实用的指导,是第一本将理论与实践相结合的身体教育(Leibeserziehung)方面的教材。从古茨姆兹的出发点而言,这本书不仅是为德国的体操和身体教育的发展,而且是为欧洲的、世界范围内的身体训练和身体教育提供一种模式和体系。这个体系从人的身体出发,同时也将人的全面发展纳入视野。这本书到现在还有新的版本发行,并且被翻译成多种欧洲国家的语言在许多国家出版,产生了相当大的长远影响,特别是影响到了瑞典体操和丹麦体操。

博爱主义的教育强调的是:自然和愉快的教育;接近自然、简单的生活;锻炼身体,增强体质,对身体的教育;实用性;培养男敢、健康、勤劳、文明的市民;市民教育的理念,参加者不用固定归属于某个组织;手工和园艺劳动,为现实的生活做准备。

古茨姆兹的这本书体现着博爱主义的教育思想。瑞典体操体系的创建正是建立在古茨姆兹体操基础之上的。尽管在19世纪初,由

于拿破仑帝国和沙俄帝国的侵略扩张，位于斯堪的纳维亚半岛的瑞典处于危险的境地。出于保卫祖国的需要，瑞典较早地就开展了体操，但是瑞典体操的兴盛是与林氏的业绩分不开的。

林氏于1799年至1804年在哥本哈根逗留的时间是决定其命运的一段时间，因为他在那里学会了击剑，在古斯塔夫·纳赫蒂加尔（F. Nachtigall）那里接触到了受到古茨姆兹影响的体操。林氏在思想方面的鼓舞主要来自两个方面：一是哲学家H. 斯蒂芬斯（H. Steffens）的浪漫主义运动（Friedrich von Schelling 的自然主义哲学），另外是诗人A. 厄伦施莱格尔（A. Oehlenschläger）的北欧神话。

1804年至1813年，林在一个叫卢恩特（Lund）的地方做击剑和语文教师，最后是体操教师。从那时候开始，他就试验自己的体操体系，并使得他的体操体系逐渐为人所知。他还参加了弗罗曼（A. H. Flormann）的解剖课程的学习，并且运用学到的这些解剖知识进行体操练习形式的筛选，确认这些练习对身体的作用。1813年，林氏移居斯德哥尔摩（Stockholm），负责受到教育委员会和国王支持的中央体操学院的工作，任院长达25年。这所学院是为学校培养体操教师。他当时作为体操教师，后来也作为击剑教师，被瑞典卡尔伯格的军事学院和玛丽贝格的炮兵学校聘用。

作为国家体操学院的负责人，他在1825年被授予教授头衔。他的思想基础主要是用浪漫主义的自然主义哲学方法向世人展示了自然和人类机体的力学的、化学的和动力学的基本形式作为生命力的能量，以说明人类在生理、心理之间的联系，展示了人类社会中动物和人的关系。

第二章 晚清,《天津条约》签订（1858年）前后的汉口、武昌、汉阳学校体育文化溯源分析

他继承了古茨姆兹的体操，在强调个人和健康定位方面是一致的。但是林氏体操生理学和解剖学的深厚基础，使得它非常清晰地区别于古茨姆兹的体操和后来德国杨氏创建的具有浓厚政治色彩的德国体操，用林氏的思想来论述就是不受"管制（control）"参加的体操。他认为，体操理论应该是符合人体生理规律的身体运动的科学；身体运动的目的是使身体各部分得到均衡、协调的发展。可以说，林氏体操体系开始了身体运动体系对自身身体的改造向科学定量的方向发展，开辟了体育科学化的新阶段。

林氏将瑞典体操区分成四个方向：教育的、军事的、医疗的和美学。最有影响力的是在19世纪形成的军事体操和康复体操。康复体操按照现在的术语应该称之为物理疗法，简称理疗。教育体操是使身体的各部分获得协调；军事体操旨在使士兵协调、熟练地使用武器；医疗体操是为了矫正身体某部分的缺陷，恢复其本来的协调功能；美学体操是为了使思想感情（精神）同身体之间保持协调。在这四类中，最具特色的是教育体操和医疗体操。林氏对解剖学、生理学和体操理论进行过长期研究，并运用这些知识使这两类体操具有科学性。为了在实践中更好地发挥作用，他还添置了栅栏、瑞典栏、跳箱、平均台等器械，接收各个年龄层次的身体上有缺陷的人进行理疗，推行医疗体操。

但是，他作为军事学校中的教师只从事军事体操的工作。这种军事体操在1843年给普鲁士军官罗特斯代恩留下了深刻的印象，并把他的军事体操体系引进德国。1839年后，布朗廷（Branting）继任中央体操学院的院长，整理了林氏落在康复体操方面的手稿，并将

它继续发展成为瑞典式的康复体操，很快传遍了整个欧洲，还进入了美国。布朗廷对医疗体操在生理方面的作用有着重要的论述，他还在1840年将林的遗稿《体操的一般原理》整理出版，从而使林氏的体操理论获得了发展。

Turnen 这个德语单词是借用了拉丁语的 tornare 和法语的 tourner 的形式，由被誉为"德国体操之父"的弗里德里希·路德维希·雅恩（Friedrich Ludwig Jahn）提出并开始使用。弗里德里希·路德维希·雅恩认为，在 Turn 的音节中有一种原始、天然、古朴的德语声音。在其中有人类语言无法表达的声音，弗里德里希·路德维希·雅恩注意对德国语言的尊重，用 Turnen 代替 Gymnastik。在德语中采用 Turnen 来表示"参加身体练习"，这是弗里德里希·路德维希·雅恩的贡献。事实上，Turnen 这个词还包含着其明确的价值取向。在1816年弗里德里希·路德维希·雅恩出版的主要著作《德国体操》（*Die Deutshce Turnkunst*）和古茨姆兹的重要著作《祖国青少年体操》（*Turnbuch für die Söhne des Vaterlandes*）中都反映出，德国体操 Turnen 的目的在于激发德意志的民族意识。弗里德里希·路德维希·雅恩也正是由于《德国体操》这本书，开始享有"德国体操之父"的美誉。

德国体操曾经成为一种国民教育（National education）。因为在1800年前后，社会的变化呈现出这样一种状况，人们努力争取掌握自身的命运，人们通过要求贸易和就业的繁荣过上富裕的生活，要求参与政治的权利。他们希望通过激进的国家和社会的变革，来消除对社会长期的限制和各种障碍，最后推翻专制的政权。按照普通

<<< 第二章 晚清,《天津条约》签订(1858年)前后的
汉口、武昌、汉阳学校体育文化溯源分析

市民的观点,将来每个人的生活和命运应该不再由生来就有的贵族特权所决定,而是应该取决于个人的贡献;每个人都应该获得公民的权利、自由经济,不受国家的限制和约束;每个人都应该拥有相等的机会,来安排他们的生活,而不再是依靠国王和贵族的怜悯;每个人都有平等的权利,取代特权和其他优先权;每个人都能够作为自由的市民自由发表言论。当时的哲学家和学者也表述了相对应的思想和理念,通过文字印刷品和书籍,使得这些思想和理念在德国和整个欧洲广为传播。

当时要求的不仅仅是个人的自由和自我决定,而是所有人民都有意识来寻找和发现他们国家的同一性。法国首先在1789年进行了所谓的法国大革命。在资产阶级的压力下,从中世纪早期延续至今的封建社会制度被涤荡。三权分立和人权保证了所有公民的自由和平等。普鲁士和奥地利企图以武力对这个邻国的事务进行干涉,结果惨遭失败,引起了革命军的反攻。在继承了法国大革命遗产的拿破仑军队的冲击下,德意志帝国最终土崩瓦解。法国占领了莱茵河左岸。德意志民族神圣的罗马帝国就此寿终正寝,处于拿破仑的统治之下。拿破仑把大革命的社会理想和法国的强权政治一起推向德意志,饱受屈辱的德国开始涌动起以反抗法国为直接目的的民族主义洪流。这个时刻也正是德国民族运动开始的时刻。

德国的民族运动有很多不同方面的构成要素,有来自政治文化、自由主义文化、民族以及精神文化的要素,当然也包括身体和大众文化的力量。德国体操运动也在其中。这场运动的奠基人不是古茨姆兹,而是弗里德里希·路德维希·雅恩。

拿破仑一世于1806年10月14日在耶拿（德国中部的城市，位于莱比锡西南）大败普鲁士军队，当他作为士兵到达那里的时候，一切都为时过晚了，这次经历对弗里德里希·路德维希·雅恩而言是具有决定性作用的。在1809年底，为了成为一所新成立大学的讲师，他带着已经完成的关于德意志国民性的手稿前往柏林，然而他未能通过1810年4月录用教师的考试。最后，他只能在自己以前的学校格雷修道院（Grey Monastery）做一名应聘教师。为了生计，他在一个私人机构做临时教师。在那里他开始教授身体练习。在1811年年初，他在柏林的哈森海德（Hasenheide）开设了第一块体操练习场地，装置了平衡木、双杠、鞍马、单杠、高塔等简单设备，吸引了许多青年人参加活动。哈森海德体操练习场建立的重要意义在于，以前体操仅在学校里进行，在这之后扩大到社会，向普通市民传授德国体操。在以后的几年中，他的许多学生和同事在德国各地也开设了体操场地，特别是在大学所在的城市。在1816年他和他最早的学生艾瑟勒（E. W. B. Eisele）出版了《德意志国民性》（German nationality）。书中谈到国民教育要培养祖国未来的保卫者，而体操则是造就完美国民的手段，书中还扼要介绍了一些运动项目。此外，他还出版了《德国体操》（German gymnastics）这本主要著作，目的在于激发德意志的民族意识。正是由于这本书，他开始享有"德国体操之父"的声誉。

弗里德里希·路德维希·雅恩在《德国体操》的书中写道，德国体操是"人的教育和培养的主要部分"（Der Hauptteil der Bildung und Kultivierung von Menschen/ The main part of the education and culti-

<<< 第二章 晚清,《天津条约》签订（1858年）前后的
汉口、武昌、汉阳学校体育文化溯源分析

vation of people），能够和谐地塑造身体和精神，是达到目的的手段：一方面要使人有自卫能力（最初是关于清除拿破仑强暴的外国统治）；另一方面是形成政治的觉悟（Politisches Bewusstsein / Political awareness），这种政治觉悟就是将所有德国人统一在一个共同的祖国，也就是建立一个德国的民族国家；通过政治和社会改革，建立对外独立、对内自由的德国。

可以说，弗里德里希·路德维希·雅恩系统地建立了德国体操体系，并在德国体操运动（German gymnastics）中发挥了重要的作用，德国体操体系是德国体操运动的成果和体系。

当然，德国体操的形成与发展也必须归功于古茨姆兹的贡献。他在1793年出版了最重要的著作《青少年体操》后，又于1817年出版了另外一本重要的著作《祖国青少年体操》。他在这本书的前言中写道，这本书不再像他以前的著作那样，把目标定在"纯粹的教育的体操"，而是"为培养祖国的卫士做准备"，任务是类似于"纯粹的战争训练的学前班"，是"有趣的战争和搏斗"。

与以前的德国体操相比较，这种 Turnen 体操在形式和内容上有很大的区别。德国体操强调的是身体训练和教育，看重市民在勇敢、守律、苦行和忍耐方面的美德。而 Turnen 体操强调的是"在有管制的团体中进行集体劳动"，不是在身体、精神、思想、个性方面培养个体的人，而把主要兴趣放在很多人一起练习 Turnen 体操的相互影响上，表现出保卫祖国的目的。因此，古茨姆兹在选择练习形式时也不再从让青少年"愉快和自然"的目的出发，基本思路是以战争的需要为前提，通过练习 Turnen 体操来弥补弱点，提升力量，教育

的对象不再是一个普通人，而是热爱祖国和能保卫祖国的市民。

因此，古茨姆兹这本书或多或少是直接适应战争需要的一种选择。在这本书中排在第一位的内容是走和跑，这是对每个战士的基本要求，以战争为需要的意思居于中心地位；另外是跳，描写了各种不同的情况，当然现在是佩带或者没有佩带武器两种情况；平衡练习、攀爬、登山、伸展练习，甚至滑冰、游泳也属于其中；当然投掷和射击更是具有特殊的意义。同时他还引入了一个新的方法学原则，将练习分成基本的或者是初学者的练习、主要和初步练习。团结和相互作用是"市民团体"的构成要素。另外，共同训练、共同生活的秩序也应该加以监控，通过练习尽早地传授服从、秩序、统一、一致这些战争需要的思想。就像古茨姆兹后来写的，"团体、秩序、守时、警告、命令都是 Turnen 体操的灵魂"，也是"战争的基本要求"。[①]

因此，在综合的传统意义上，德国体操的本质是通过身体练习，以所有可能的形式来实现多种目标的身体教育（Leibeserziehung/Physical Education），这些可能的形式包括体操游戏（Turnspiele）、民族传统的练习（Volkstümliche Übungen/Traditional Exercises）。近十多年来，这个概念日益局限在它的特征性的核心方面：器械体操和自由体操，高水平的也被命名为 Kunstturnen/Gymnastics，也就是现在的竞技体操。

德国体操的发展也离不开政府的支持。因为，当时的德国政府认识到这种德国体操对于恢复和保持独立自主的国家是必不可少的，

---

① 花勇民. 欧洲体育文化研究［D］. 北京：北京体育大学，2006.

<<< 第二章 晚清,《天津条约》签订(1858年)前后的
汉口、武昌、汉阳学校体育文化溯源分析

并将已经在部分学校和民众中开展的德国体操纳入国家教育体系,希望通过在学校中推广德国体操来培养具有爱国热忱和推翻统治压迫所需要的坚强公民,培养意志坚强、纪律严明、身体强壮的士兵和国民。德国政府的高度重视与强有力的支持,使得德国体操教学在全德意志的学校中迅速传播和普及,并且德国确实有在战争中深受其益。尤其是在普法战争中,德国士兵的素质和强壮的体魄给欧洲各国留下了深刻的印象,被认为是德国迅速崛起和在战争中取胜的重要因素之一。也正因为如此,到19世纪末,几乎所有的欧洲国家开始仿效德国,通过立法或者政府的行政指令将德国体操列入学校的课程体系。当然,在各个国家中还存在着其他身体运动体系,如瑞典体操、英国现代竞技和其他类型的体操。当时,德国体操的很多练习形式和内容及其价值取向都对其他欧洲国家产生了重要的影响。

20世纪初,在后来的摄政王载沣赴德国拜见德国皇帝(1901年)后,清政府首次派出五大臣赴欧美日考察宪政(1905年)。从国家较高层面出发,清政府逐渐对西方社会的近代性和整个世界的现代化发展趋势出现了理性认识,并走出了比较务实的一步。原上海社会科学院出版社社长朱金元评价五大臣出洋考察之事:"虽五大臣是为清政府万世一系的封建团体寻求良方而出洋的,但他们在他国异乡沐浴了欧风美雨,耳闻目睹了资产阶级的物质进步后,引发了深思,这在他们的奏折中不时有反映。出洋的结果,不但增强了他们向西方学习的意向;而且使统治阶级内部的开明思想扩大,一些亲贵大臣也因此感到强国之道'已不在坚甲利兵,而实以修政立

教为本源'，萌发了'更新庶政'的观念，从而有利于统治阶级上层中形成一个普遍的立宪要求。"当然了，教育也是考察的内容之一，近代教育在清政府取消科举制后，融进了中国的古老教育体系。学校体育作为近代教育内容之一，也开始有模有样地与中国的学子们拉近距离。起码，在新式的学堂里，生长于20世纪的孩子要开始学做操了。学校体育在规训中，塑造着晚清的最后一点奢望。

甲午战败在很大程度上加剧了士大夫阶层对于尚武强兵重要性的强调。其中一个重要的表现就是甲午战争发生之后，新式军事学堂开始在各地广泛建立，如直隶、湖北、浙江、贵州、陕西、安徽、山西、绥远、四川、福建、江西、甘肃、湖南等省纷纷建立武备学堂，而这些新式军事学堂几乎无一例外地有西洋兵操训练。地方官员和士绅建立的其他类型的新式学堂也在广泛地开展体操教学，即使是一些非军事类的新式学堂，也纷纷开展兵式体操的训练。在这种环境下，自强运动时期的士大夫把西方体育视为"武"的观念得到更广泛的流行，而且民族危亡的危机刺激使得"武"在士大夫心目中的地位大大提高。虽然自强运动时期的士大夫引进西洋兵操作为强兵手段，但他们内心深处仍有着轻视身体运动的传统思想。甲午战争的失败，不仅提升了"武"在士大夫心中的地位，尤为重要的是使相当一部分士大夫的文化自信心开始瓦解，使他们开始改变对待"武"和身体运动的态度。

在这一历史时期，日本的体育模式开始对近代中国产生重要影响，其中一个重要因素就是甲午战争的失败使很多士大夫开始关注日本这个"虾夷小国"强盛的原因，一些士大夫开始东渡日本考察

<<< 第二章 晚清,《天津条约》签订(1858年)前后的
汉口、武昌、汉阳学校体育文化溯源分析

日本成功的经验。在这些人中不少考察日本军事与教育的士大夫都注意到了日本军队和学校中体操盛行,并将其视为日本成功的因素之一加以引进,这对于近代中国体育的走向产生了重大影响。甲午战后的中国士大夫一度掀起过赴日考察的浪潮,并通过他的考察报告或考察日记为我们留下了许多对日本体育的认识的记载,从中我们可以看到这一时期士大夫阶层心目中体育的地位与形象如何。出使日本的考察目标是找出日本强大的原因,这使赴日考察的士大夫们不可避免地把看到的一切都与这一问题联系在一起。

如1898年,湖北武备学堂总督姚锡光受张之洞之命赴日考察日本学校及军事学堂的教育,发现日本学校教育中对体育的重视:"日本教育之法大旨分三类曰体育、曰德育、曰智育,故虽极之盲哑,推及女子,亦体操,重体育也。"日本学校重视体育的原因,姚锡光认为是"现在日本人材必取诸学校,大概效法泰西,而于武备一端尤其君臣上下合力经营,以为立国命脉所在,故学校规模备及详密"。这种重视"武备"的表现之一就是"凡隶属于文部省诸学校无不有体操、兵操,亦恒藉武官中之后备佐官、士官、下士官教授,文武相资"。姚锡光由此认为甲午战败的原因之一就是"中国无小学、中学之培植而言练陆军,习专门,是无山林渊薮而求渔猎也"。另一位士人朱绶在考察日本教育时也认为:"学校之名中东皆同,而其实迥乎不同,中国之学校专为文教而设(各郡县儒学亦兼管武生名籍,然只如赘疣耳),东国则推以教水陆之战阵"。

赴日考察的士人往往特别推崇日本在非军事的普通学校中也大

力提倡体操，认为这是国家武备的根本。[①] 1899年士人沈翊清赴日考察日本学制，沈翊清特别强调日本普通学校学生进行体操锻炼对于国家武备的作用，他记载："文部各学校与陆军学校不同，然师范学校、女子各学校均有体操，高等师范且习枪法，可见国家尚武，故风气为之一变。《沈翊清：东游日记》之野人曰赳赳武夫，公侯干城。即此意也。其柔道法即满洲之手搏，以练筋力。所唱歌阕古名人辨庆所制，为军中进兵阕，亦虽在文事不忘武备之旨。"沈翊清认为普通学校学生广泛练习体操，尤其是兵式体操，"文事不忘武备"是国家军事强大的重要原因。另一位曾赴日考察的晚清名士罗振玉在其回国后撰写的《日本教育大旨》也表达了类似观点。罗振玉认为："体育与德育、智育当并重。从前虽各学堂皆有体操游戏，然尚未大进步，今则全国尽力补此，盖立此竞争之世界，若人民身体孱弱，国力即不得而强，事业学问均无所附丽，其害不小。"罗振玉在这里把国民身体强弱与国家国力相联系，这种思想在自强运动时期的士大夫中很少见，明显地受到了严复的思想影响，（这一点我们在下一章中会详细论述）但他仍然坚持着提高身体素质是给国家武备提供支持的观念。"至体育亦亟宜注意，但必以游戏为柔软体操之预备，以柔软体操为器械及兵式体操之预备，循序渐进，此国民强弱之根元，欲行全国征兵之制，此为起点，不可不格外注意者也。"在这里，罗振玉虽然注意到了学校体育锻炼原则是循序渐进，但是这种循序渐进顺序是"游戏为柔软体操之预备""柔软体操为兵式体

[①] 周雅婷.清末赴日教育考察对中国近代学校体育发展的影响[J].北京：中国体育科技，2017，53（2）：107-112.

<<< 第二章　晚清,《天津条约》签订（1858年）前后的
汉口、武昌、汉阳学校体育文化溯源分析

操之预备",让其最终服务于"全国征兵之制"。

晚清赴日考察的士大夫这种视一切体育运动为"武备"的观念除了受到传统文化因素影响以外，还和这一时期日本体育的特点有着密切关系。明治维新之后，日本迅速走上军国主义扩张的道路，虽然其引进了西方现代的教育制度，但是力图让教育制度服务本国军国主义，所以日本在引进西方近代体育内容方面，重点是欧洲大陆的体操，尤其是德式兵操，而不是英美竞技。黄遵宪谈到日本兵制时曾说："日人之陆军也，取法于法与德。"在晚清士大夫们对所见到的日本各类学校体育的内容描述里，这一点非常明显。

如姚锡光在描述他所参观的日本陆军成城学校、陆军地方幼年学校、陆军中央幼年学校的课程时，记载成城学校："现凡有学生一千零二十人，其功课大率如中学校加严，而体操、兵操特重。"记载陆军中央幼年学校："其功课率如中学校，之后二年而兵操作大队操法。"记载陆军地方幼年学校："其功课略如中学校之前三年，而体操、兵操特详，其兵操作中队操法。"另一位士人张大镛在访问陆军地方幼年学校时，注意到了德式体操的器械："体操中亦有盘铁杆及悬绳诸事，其法将两绳系杆上，两圈系两绳，约离地七尺余，学生向上一纵，手执两圈左右盘旋以练悬荡之力。又一木杠亦约离地七尺，学生伏杠上以人足盘旋钩搭练其筋力，有教习监其旁，以兵律部勒之，颇整肃有节制。"张大镛记载的这两种器械应该是吊环和单杠，都是德式体操的常用器械，由此可见当时日本兵操主要是取法德国。德国体操，尤其是兵式体操所带的浓厚军事色彩和团队观念非常适合日本军国主义兴起时的社会需要。

张大镛在访问东京高等师范学校时，记载其体育活动同样是以兵式体操为主。"有文科生二三十人习练兵式体操，教授则步兵昔日曹长，监操则陆军中尉，皆陆军省派来。先徒手，继执枪，或高或下，或左或右，做种种体操状。询知校内学生现有二百余人，勒以兵法即可编成中队。"日本普通院校不仅盛行兵式体操，而且教员也是陆军派来的，普通学校学生能够随时按照军事需要编成预备军队。甚至在幼儿园中也存在这种情况，据张大镛记载日本一幼儿园的儿童游戏活动情况是："一出一入，鱼贯而行，绝无纷杂之象。"儿童在音乐伴奏下进行体操活动时"列为两排，东西分走，地下画以黑圈，依圈而行，或迟或速，均以琴声缓急为准。旋编队伍，令两孩藕行，步法稍熟者保姆乃授以红旗两面，令做队长。"张大镛就此评价说："动以他日当兵亦当如此，殆桑弧蓬矢之义也。"[②]日本学校这些通过兵式体操进行军国主义教育，积极为战争做准备的做法，无疑会给刚刚经历甲午战败，正处于亡国灭种的焦虑之中的士大夫们强烈印象，使他们更加认定体操锻炼的目的就在于强兵强国。而且在甲午战后，士大夫们已经不仅仅把其作为一种和自身所信奉的伦常名教无关的练兵方式，而开始力图把尚武强兵的观念纳入自身所遵奉的文化理念之中。如当时士人孙诒让在为沈翊清的《东游日记》[①]作序时就写到了这种观念，孙诒让在序中称：兴学与治兵理相通贯，则其意尤闳深，非一曲之士所能识也。（诒让）不习兵事而少治周官，经尝谓周之六军出于六乡，七万五千家，远郊之内，地不逾四同，而立乡学六、州学三十、党学百有五十。国学、郊学尚

---

① 沈翊清. 东游日记［M］. 北京：朝华出版社，2018：5-7.

>>> 第二章 晚清,《天津条约》签订(1858年)前后的
汉口、武昌、汉阳学校体育文化溯源分析

不与焉。其学制之详如是,斯非学校与军制相辅之义证乎。孔子曰:"以不教民战是为弃之"。教之云者谓纳之庠序而以德行道艺督课之,非第习击刺进退已也。百年以来,西国骤强,日本亦奋于东,其学堂之盛与兵力之强适相应。而吾国以不识字之将,率顽犷窳拙之卒以应之,宜不相当也。自甲午款议成后,深识之士始知兴学为自强之基,中外学堂林立,而论者不察,犹或斥为西法、新法,不知以学校治军本于周礼,乃中国两千年之古法也。

把学校体育解释为周礼中"学校治军"的思维模式,即是当时盛行的"西学中源"的观念,这种观念把不同文化的事物用自己国家的传统文化附会解释的方式是文化移植过程中的常见现象。一方面它极大地限制了时人对西式体育的深入认识,另一方面,这种解释潜移默化地提高了"武"和身体运动的地位,反映出了甲午战后士大夫阶层对待身体运动观念的变化。[①]

[①] 张晓军. 近代国人对西方认识的嬗变(1840—1937)[D]. 吉林:吉林大学文学院,2012:72-95.

第三章　早期奥林匹克运动发展与民国时期的汉口、武昌、汉阳地区的学校体育发展构筑

奥林匹克运动应该是近代社会发展中文明象征的符号之一，是近代社会发展进程中现代内涵的诠释标志。皮埃尔·德·顾拜旦（1863—1937）用一种超越时代、国家、地域的格局思想将世界人民团结在奥林匹克运动的旗帜下，享受着体育带给人类的欢愉。他说：一个民族，老当益壮的人多，其民族必定强盛；一个民族，未老先衰的人多，其民族必定羸弱。他说：对人生而言，重要的绝不是凯旋，而是战斗不息；奥林匹克最重要的不是获胜，而是奋斗的历程。他还说：体育就是和平。

今天我们再次阅读《体育颂》的时候，仿佛置身于奥林匹克运动赛场：

啊，体育，天神的欢娱，生命的动力！你猝然降临在灰蒙蒙的林间空地，受难者激动不已。你像是容光焕发的使者，对暮年人以微笑致意。你像高山之巅出现的晨曦，照亮了昏暗的大地。

<<< 第三章　早期奥林匹克运动发展与民国时期的汉口、
武昌、汉阳地区的学校体育发展构筑

啊，体育，你就是美丽！你塑造的人体变得高尚还是卑鄙，要看它是被可耻的欲望引向堕落；还是被健康的力量悉心培育。力量没有匀称协调，便谈不上什么美丽。你的作用无与伦比，可使二者和谐统一；可使人体运动富有节律；使动作变得优美，柔中含有刚毅。

啊，体育，你就是正义！你体现了社会生活中追求不到的极致公平合理。任何人不可超过速度一分一秒，逾越高度一分一厘。取得成功的关键，只能是体力与精神融为一体。

啊，体育，你就是勇气！肌肉用力地全部含义是勇于搏击。若不为此，敏捷、强健有何用？肌肉发达有何益？我们所说的勇气，不是冒险家押上全部赌注似的蛮干，而是深思熟虑后的行动。

啊，体育，你就是荣誉！赢得荣誉要公正无私，否则便毫无意义。有人要弄见不得人的诡计，以此达到欺骗同伴的目的。但他内心深处受着耻辱的绞缢，有朝一日被人识破，就会落得名声扫地。

啊，体育，你就是乐趣！想起你，将使内心充满欢喜，血液循环加剧，思路更加开阔，条理更加清晰。你可使忧伤的人散心解闷，你可使快乐的人生活更加甜蜜。

啊，体育，你就是培育人类的沃地！你通过最直接的途径，增强民族体质，让体弱躯体强身健体，防病于未然，使运动员得到启迪，让后代长得茁壮有力，继往开来，夺取桂冠的荣誉。

啊，体育，你就是进步！因为社会发展日新月异，身体和精神的改变要同时抓起，你规定良好的生活习惯，要求人们对过度行为引起警惕。你告诉人们遵守规则，发挥人类最大的能力而又无损健康的身体。

啊，体育，你就是和平！你在各民族间建立愉快的联系。你在有节制、有组织、有技艺的体力较量中产生，使全世界的青年学会相互尊重和学习，使不同的民族特质成为高尚而公平的竞赛的动力！

1896年，第一届奥林匹克运动会在希腊雅典召开。晚清政府接到奥林匹克运动委员会的邀请，但对其了解甚少，没有参与。但是，奥林匹克运动并未与晚清、民国的社会擦肩而过，而是在20世纪初的中国广泛开展起来。直到1932年，我们才走进奥林匹克运动的殿堂，自此中国人的名字开始在奥林匹克运动的历史书卷中留下浓墨重彩的华章。体育虽然是世界的，但是参与者是有民族的。

一、早期奥林匹克精神在学校体育教育中的传播与促进对我们的影响

奥林匹克运动的诞生犹如资本主义，不是立马从天而降的，是到达欧洲的大地上，而波及全世界。从欧洲的近代社会（1492—1789）发展史中我们可以窥见国家或社会的工业化（第一次工业革命）与城镇化，像婴儿的两条腿，支撑着欧洲的近代化（现代性）发展。从农业社会向工业社会迈进，城镇化是衡量某个国家在近现代发展中的一个重要特征。如果说现代化是一枚硬币，那么工业化和城镇化就是这枚硬币的两面。产业结构的变化决定了人们居住方式的转变，城镇化反过来又为工业化提供了充足的劳动力供给和必要的社会需求。因此，工业化与城镇化是相互促进、相辅相成的关系。工业革命前，欧洲国家的城市主要以商业或政治为基础，因此

>>> 第三章　早期奥林匹克运动发展与民国时期的汉口、
武昌、汉阳地区的学校体育发展构筑

人口规模普遍较小；工业革命后，欧洲各国先后启动以工业化为基础的城镇化进程，城镇人口规模急剧扩大，逐步完成国家的城镇化进程。

英国的城镇化进程发端于18世纪中叶，是与工业化进程同步发展的。18世纪早期，英国的城市人口占总人口的20%～25%，到1801年就已经增加到33%。1800年，伦敦的人口达到100万人，成为当时世界上人口最多的城市。1851年，英国已有580多座城镇，城镇人口达到总人口的54%。19世纪晚期，英国70%的人口都已经居住在城市中，成为世界上第一个实现城镇化的国家。英国工业化过程中，政府采取"自由放任"的政策理念，对工业布局不加行政干预，这使得英国的城市发展更多地围绕工矿区展开，许多新城市并不是在原有的封建政治、文化、商业城镇的基础上发展起来的。新兴工业城市一般都有着比较便捷的运河、港口、铁路交通优势，有利于工业发展，创造出大量就业机会。反过来，劳动力聚集又促进了相关服务业的发展，使得城市规模迅速扩大。曼彻斯特、格拉斯哥、伯明翰等英国大中型城市，都是按照这种模式建设起来的。

相比之下，历史同期法国的小农经济势力较强，工业化发展较慢。究其原因，法国虽然是欧洲国家中实行中央集权制的代表，但是国家财政的能力却一直相对较弱，这就限制了法国大革命前政府促进工业化和城市化的能力。例如，"在法国大革命前的20年，一阵运河热席卷了法国，就如同曾在英国发生过的情况一样，但由于财政方面和政治方面的困难，没有产生什么结果。"法国大革命后，包括英国在内的欧洲工业化国家对法国实施经济封锁，进一步影响了法国工业化的进程。1815年，拿破仑帝国覆灭之后，法国进入和平发展时期，国家立即通过一系列立法强化国内市场统一、增强国家财政能力、介入基础设施建设领域，法国的工业化随即进入高速发展时期。以铁路建设为例，1841年，法国政府"决定通过向私人公司让步并在财政上使之有利的办法，介入这方面的工作，这也就是所谓的勒格罗计划"。虽然随后的危机延缓了此项工作，但到1870年，法国的通车里程就从1846年的1800公里增加到17500公里，基本追上了欧洲其他国家。但是，就城镇化而言，法国的中央集权体制还是产生了很大的影响。由于工厂主要集中在巴黎、里昂、波尔多和马赛等传统政治中心城市周围，法国的城镇化主要是通过这些城市的扩张实现的，其他中小城镇直到"二战"之后才有所发展。因此，法国城镇化进程的速度比英国慢得多。1800年，法国的城市人口为10%，到1880年才增加到35%，直到1931年，法国才实现城镇化。

  与英法相比，德国的现代化进程具有后发赶超性质，是在德意志帝国威权推动下展开的。在威权体制的作用下，19世纪中期的"德国比不列颠更易于把劳动和资本转入像采矿、机械化工、化学制品和电车这样的新兴工业，并用最新的技术装备它们。德国的实际工资较低，这就有助于使它的西方邻国丧失了从前在竞争中的优势"。当时，"德国主要仿效外国的模式。它不仅仿造机器，而且还模仿各国的'社会性创造'，即新的商业机构和制度、贸易方法、经济政策和行政管理等准则"，形成独创性和高质量象征的"德国制造"是后来的事情。这种人为推进的方式使德国城镇化具有两个特

<<< 第三章 早期奥林匹克运动发展与民国时期的汉口、
武昌、汉阳地区的学校体育发展构筑

点：其一是速度快，从1871年到1910年，德国用不到40年的时间就实现了城镇化；其二是以原有城镇为基础，没有完全依照工业发展的需要而是另起炉灶。德意志帝国建立前，德国是由38个各自为政的小邦国组成的，这些邦国都有各自的政治、经济中心城市，德国的城镇化基本是以这些城市为基础完成的，这使得德国的城镇化进程比较均匀地在全国铺开。直到现在，德国城市发展的特点仍是中小城市多，各类城市协调发展，布局较为合理。[①]

近代教育只有在城镇化的基础之上，才能在科学与学术独立中衍生、发展壮大。城镇化相对地聚拢了受众，使得近代教育的价值典范有其倾诉的乐园。身体从土地的束缚中摆脱出来后，在得到工业社会给予的短暂喘息间，教育必须完成人与机器的二次捆绑。身体的教育再次备受瞩目，身体不仅仅是人在社会上的思维觉醒，更是对自己的行为找出答案，如中国的谚语：我思我行。身体的教育上升到体育也可能是一种不经意间的符号替换，但作为近代教育的组成部分，为奥林匹克运动的诞生提供了机遇。在近代教育的体育教育过程中，民族主义、竞技自由、科学精神等形形色色的诉求或目标让学校体育发展变得盲目。不论是站在个体或是集体的层面，怎样认识体育、怎样去体验它，彼时，有个法国人在成长的过程中，开始思考着这个问题。当古代希腊的奥林匹亚的神话触动到他的神经时，他像是回到了古希腊的自由城邦之中，感受着古希腊的民主与自由。1875年至1881年，在欧洲考古工作者的努力下，处于毁坏之中的、不朽的古代奥运会的遗址被不断地挖掘出来了，而且每年

[①] 田德文. 欧洲城镇化历史经验的启示[N]. 人民网, 2014-02-25.

都迅速地公布挖掘的结果。因此,皮埃尔·德·顾拜旦同其他一些对奥林匹亚感兴趣的人士一样,都能及时、详细地倾听到公布的情况。对此,顾拜旦提出了一个十分有价值的挖掘计划。当时顾拜旦曾写道:"德国人发掘了奥林匹亚的遗址,可是法兰西为什么不能着手恢复它古代光荣的历史呢?"

古希腊的体育观念有着以雅典为代表的身心和谐体育观和以斯巴达为代表的军事体育观两种不同类型,但目前体育理论界往往都把雅典体育作为古希腊体育的真正代表。尽管古希腊体育的繁荣受到军事与战争的影响,但是在哲学与艺术繁荣的古希腊,却发展出以雅典为代表的身心和谐体育观。古希腊由于体育运动的繁荣,几乎所有城邦都拥有自己的竞技场(Gymnasium),竞技场不仅是进行运动比赛的场所,也是青年人接受教育的学校,同时还是城邦公民进行集会和讨论公共事务的场所,是城邦公共生活的中心。英国历史学家基托指出:"就城邦而言,拥有体育场,就像拥有剧场和军舰一样,是一件自然的事情,各个年龄层的人都经常使用它们,进行心智的锻炼。"以雅典为例,雅典青年在十六岁以前要进入体育学校(Palaestra)接受教育,学习内容以五项运动(赛跑、铁饼、标枪、角力、跳跃)为主,其教育目的是通过体育增强儿童体质、训练技能技巧、锻炼精神意志;他们十六岁以后,就要进入竞技场进行学习;在这里进行体育、智育、美育的全面教育。体育方面的学习仍以五项运动为主,文化方面的教育包括与演说、辩论有着密切联系的文法、修辞学和辩证法三门"自由艺术",还经常进行舞蹈、器乐、歌唱等艺术练习,以准备参加各种节日的歌舞游行大会。此外,

<<< 第三章 早期奥林匹克运动发展与民国时期的汉口、
武昌、汉阳地区的学校体育发展构筑

一些哲学家也经常来到竞技场，与青年们讨论哲学问题，宣传自己的观点，青年人们在与他们的讨论中也受到政治、文学、哲学方面的教育。

1890年，皮埃尔·德·顾拜旦终于有机会访问希腊的奥林匹亚山——古代奥林匹克运动的发源地。他认为弘扬古代奥林匹克精神可以促进国际体育运动的发展。

1892年12月25日，皮埃尔·德·顾拜旦发表演讲，在演讲中他首次提出"复兴奥林匹克运动"。

1894年，在巴黎举办了国际体育会议，会议决定在希腊创办第一届现代奥运会，并规定每四年举行一次。

1894年6月23日，国际奥林匹克委员会正式成立，当时希腊文学家维凯拉斯担任国际奥委会主席，而皮埃尔·德·顾拜旦担任国际奥委会秘书长。

为了实现自己的志向，皮埃尔·德·顾拜旦西渡英吉利海峡，对英国体育运动开展的情况进行了考察。1887年，他作了《法国和英国中等教育制度对比》的报告，对英国将户外竞技游戏纳入教育内容给予很高的评价，主张在法国学生中也开展竞技游戏，并以体育为重点来改革教育。1888年5月，皮埃尔·德·顾拜旦针对学生因学业过重而过分劳累的问题提出："唯一解决的办法是让孩子们游戏。"当年，皮埃尔·德·顾拜旦就任法国学校体育训练筹备委员会秘书长。翌年，在圣克莱的推动下，成立了"法国体育运动联合会"；同年，皮埃尔·德·顾拜旦代表法国参加了在美国波士顿召开的体育训练大会。与会期间，他进一步了解了世界体育发展的动态，敏锐地感到近代体育的发展正在走向国际化，一批国际性的单项体育联合会组织相继成立。例如，1881年建立了"国际体操联合会"，1892年建立了"国际赛艇联合会"和"国际滑冰联合会"等。这些组织都为现代奥运会的诞生奠定了基础。

为了进一步考察各国开展体育运动的情况，皮埃尔·德·顾拜旦不辞辛劳地访问了欧洲一些国家。1890年，他生平第一次访问了奥林匹克运动的发源地——希腊的奥林匹亚。当他看到古奥运会的遗址时，十分感慨，并产生了举办由各国参加的奥林匹克运动会的想法，想以此增进各国运动员之间的友谊。

这一年，皮埃尔·德·顾拜旦受法国政府委托，负责调查、研究大学的体育工作，于是，他借此机会向世界上许多国家发出了体育状况调查表。通过调查，他发现国际上各个体育组织之间充满了矛盾和混乱，对立情绪十分严重，体育运动日趋商业化。因而他意识到，可以凭借古希腊体育的历史经验和传统影响，来推进国际体育运动，同时他深切地感到，应该尽快以古代奥林匹克精神为主题，把现代奥运会创办起来，用"团结、友好、和平"的精神来指导比赛，以消除体育领域内存在着的种种混乱的不良倾向。于是，他便积极着手进行创办现代奥运会的工作。

1891年，皮埃尔·德·顾拜旦改组"尤利西蒙委员会"为"体育高级理事会"；同年，他还创办了《体育评论》杂志，并以此为阵地，热情宣传他的体育主张。奥林匹克运动最初的拉丁语格言是"Citius、Altius、Fortius"，由亨利·马丁·迪东最先提出。迪东是"现代奥林匹克之父"，皮埃尔·德·顾拜旦的好友。1891年，迪东

<<< 第三章 早期奥林匹克运动发展与民国时期的汉口、
武昌、汉阳地区的学校体育发展构筑

在法国巴黎创办了一所体育学校，随后将这句话设为校训。皮埃尔·德·顾拜旦对此非常赞赏，这句格言也得到当时国际奥委会委员们的称道。1913年，经皮埃尔·德·顾拜旦提议、国际奥委会正式批准，"更快、更高、更强"正式被写入《奥林匹克宪章》，从此固定下来。而本次修改，也是奥林匹克格言108年来的首次修改。

1892年11月25日，皮埃尔·德·顾拜旦在"法国体育联合会"成立三周年的纪念大会上，发表了题为"复兴奥林匹克"的演说，他第一次正式提出了创办现代奥运会的倡议。为使这一倡议迅速得以实现，皮埃尔·德·顾拜旦提议"法国体育联合会"发起和召集一次由世界各国重要"体育联合会"代表参加的"国际性体育会议"，具体磋商复兴奥林匹克运动会的事宜。为此，成立了一个以皮埃尔·德·顾拜旦为首，由英国、美国和法国社会知名人士组成的"筹委会"，事后，他又远涉重洋，奔赴英国、美国等国家，进一步宣传复兴奥运会的主张。在他的推动下，1893年在巴黎召开了国际性的体育协商会议，讨论创办现代奥林匹克运动会的问题。

经过皮埃尔·德·顾拜旦及其同事们的多年努力和精心筹备，"恢复奥林匹克运动会代表大会"于1894年6月18日至24日在巴黎胜利召开，来自十二个欧美国家的七十九名正式代表参加了会议。在这次历史性的会议上，一致通过恢复奥林匹克运动的宪章，确定了现代奥运会的宗旨，并规定只允许业余运动员参加。为了筹办现代奥运会，还正式成立了奥运会的永久性的领导机构——国际奥林匹克委员会。希腊著名诗人泽·维凯拉斯被选为第一任主席，皮埃尔·德·顾拜旦当选为秘书长。会议还决定，第一届现代奥运会于

1896年4月在希腊举行,以后按古奥运会的传统,每四年举行一次。

1894年10月,皮埃尔·德·顾拜旦再次对奥林匹亚地区进行实地考察。为了节约资金和交通的便利,他取消了在奥林匹亚举办运动会的打算,决定按古希腊风格,在雅典新造一个可容纳五千名观众的体育场举办现代第一届奥林匹克运动会。经皮埃尔·德·顾拜旦的多方奔走、积极努力,在希腊富商乔治·阿维罗夫的资助下,首届奥运会于1896年4月5日在雅典胜利召开。

皮埃尔·德·顾拜旦要求运动会能在世界各地举行,反对把希腊作为运动会的永久会址。他认为古代奥运会的光辉历史是希腊民族的,也是全人类的,只有使它在不同国家、不同地区广泛传播,成为国际性活动,才能使奥林匹克精神发扬光大,更具生命力。

为捍卫奥林匹克精神的纯洁性,1912年,皮埃尔·德·顾拜旦在斯德哥尔摩奥运会期间,发表了他的名作《体育颂》,热情地讴歌了体育,抒发了他的奥林匹克理想。为此,他荣获了该届奥运会文学艺术比赛的金质奖章。

1913年,皮埃尔·德·顾拜旦精心地为国际奥委会设计了会旗,即一面中间由蓝、黑、红、黄、绿五只彩色圆环相套接的白色无边旗。它象征着五大洲的团结,以及全世界运动员以公正、坦率的比赛和友好的精神在奥林匹克运动会上相见。

皮埃尔·德·顾拜旦还倡议燃放奥林匹克火焰、设立奥林匹克杯等。在确定奥林匹克运动会口号的问题上,最初觉得应以"团结、友好、和平"的口号来指导比赛。后来,他的一个朋友——迪东神父提出了"更快、更高、更强"的口号,得到皮埃尔·德·顾拜旦

<<< 第三章 早期奥林匹克运动发展与民国时期的汉口、
武昌、汉阳地区的学校体育发展构筑

的赞赏，认为它体现了人类永远向上、不断进取的伟大精神，以后便倡议它作为国际奥林匹克运动会的口号。

皮埃尔·德·顾拜旦在复兴奥林匹克运动中遇到了重重困难，可他执着地发展体育事业的意志从不动摇，他坚忍不拔、顽强奋斗。1896年的第一届奥运会因经费困难几乎"流产"，他亲赴雅典，拜会首相和王储，日夜奔波、想尽办法，终于顺利举行。第二届巴黎奥运会，又遇世博会同时举办，两者产生矛盾。皮埃尔·德·顾拜旦被迫辞职，还不时地遭到讥笑和唾骂，但他忍辱负重，从不气馁。他从1883年——他二十岁时就开始了复兴奥运会的工作，直到他1937年9月2日逝世，整整为奥林匹克运动奋斗了五十四年。他不顾家庭的不快和困难，对工作不分巨细都亲自操办：文件、宣传、设计图案等，他四处奔走联络各方，广交朋友争取支持，呕心沥血、殚精竭虑，他的功绩是不朽的。皮埃尔·德·顾拜旦原则性强，他坚持奥运会是属于世界的，应该在全世界的不同城市举办，而希腊人认为奥运会是希腊的，雅典应是奥运会的永久举办地，皮埃尔·德·顾拜旦的坚持原则才使奥运会有今天的辉煌。皮埃尔·德·顾拜旦对和平、友谊、进步宗旨的原则，对反对歧视、坚持平等的原则，对奥运与文化的教育的结合，对人的和谐发展，对逆向代表制等原则的坚持不渝，如今已成效显著地写入奥林匹克宪章中。

在顾拜旦的努力下，健身体操发展成为自然体育锻炼法从1916年开始在学校推行，这一行动促成在巴黎、鲁昂和波尔多等地建立了学校体育协会。从此，学校体育在法国诞生并得到认可。但是，这个成果得来并不容易，顾拜旦在推进法国教育的改革中遇到了很

107

大的阻力。学生家长认为,学生参加体育活动会感染肺结核与不良习俗;医生、职业教育家,甚至教会纷纷举起了反对的大旗,试图阻止顾拜旦的教育改革。顾拜旦对于当时的反对并不灰心,他仍执着地追求他教育改革的理想。他在1912年和1922年分别发表了两本有关体育教育学的著作,即《体育教育学课程》和《体育教育学》。此外,他还发表了一批研究著作:《大西洋彼岸的大学》《教育在英国》《公共教育》《二十世纪青年教育》《中学教学新课程》等。他一方面争取法国政府教育部部长的支持,另一方面还应比利时国王的要求在欧洲建立美国和加拿大模式的"现代学校"。他的不懈努力,终于使体育教育在欧洲被认可而得以发展。

近代中国,体育绕不过学校,尤其是高校,不管是公立的还是私立的高校,体育是学校教育活动的方式之一,而且还是常规性质的。学校体育是大学教育的组成部分,也为奥林匹克运动在近代(民国初期)中国的传播提供了场所。不管是近代学校体育还是奥林匹克运动会在民国的传播,能够在各级教育领域里得到发展,是与当时的著名教育家的影响分不开的。

在中国近代教育史上,关系紧密并相继产生重大影响的,无出蔡元培(1868—1940)与蒋梦麟(1886—1964)之右者。二人是同乡、师徒,又有着相近的文化和教育背景,先后出任"中华民国"时期的教育总长和北京大学校长,影响甚大。他们的教育思想对我国的发展和民族性格的形成都起到了重要作用。二人在任教育总长和北京大学校长期间,为使教育适应资产阶级的要求,都作出了一些重要改革。这些改革,不仅对近代中国教育的发展产生了巨大影

>>> 第三章　早期奥林匹克运动发展与民国时期的汉口、
武昌、汉阳地区的学校体育发展构筑

响，而且对近代中国的体育发展起到了促进作用。

早在1901年，蔡元培受聘担任上海南洋公学特别班总教习时，他就积极地将教会学校中盛行的体育方法与手段移植到南洋公学，使之成为近代中国最早实施西方体育教育制度的官办学堂之一。这一时期的蔡元培就已非常重视五育并举的体育思想。这一体育思想集中反映在他任职期间为教育改革而发表的《对于教育方针之意见》一文中，文章论述了包括体育在内的五育并举之教育方针，对教育宗旨进行了厘定。在这篇文章中，他提出了五种教育：军国民教育、实利主义教育、公民道德教育、世界观教育和美感教育，并强调指出这几方面"皆今日之教育所不可偏废者也"，这是蔡元培接受资产阶级全面教育思想的体现。同时，他主张教育的目的首先在于"养成完全人格"，而"完全人格，首在体育""体育最要之事为运动"，指出了体育在全面教育中的地位。他还从心理学、教育界、教育家几方面对"五育"（蔡元培从"养成共和国民健全之人格"的观点出发，提出军国民教育、实利主义教育、公民道德教育、世界观教育和美感教育"五育"并举的教育思想，成为制定民国元年教育方针的理论基础。）进行较详细的分析：

> 以心理学各方面衡之，军国民主义毗于意志；实利主义毗于知识；德育兼意志情感两方面；美育毗于情感；而世界观则统三者而一之。

> 以教育界之分言三育者衡之，军国民主义为体育；实利主义为智育；公民道德及美育皆毗于德育；而世界观则统三者而一之。

109

以教育家之方法衡之，军国民主义、世界观、美育，皆为形式主义；实利主义为实质主义；德育则二者兼之。

譬之人身：军国民主义者，筋骨也，用以自卫；实利主义者，胃肠也，用以营养；公民道德者，呼吸机循环机也，周贯全体；美育者，神经系也，所以传导；世界观者，心理作用也，附丽于神经系，而无迹象之可求。此即五者不可偏废之理也。

蔡元培还对各育所对应的课程做了说明，并将其各占比例做了划分，其意在于使教育和学者均"神而明之"。他说："游戏，美育也；兵式体操，军国民主义也；普通体操，则兼美育与军国民主义二者。"课时比例分配，"其内容则军国民主义当占百分之十，实利主义当占其四十，德育当占其二十，美育占其二十五，而世界观则占其五"。①

作为弟子，蒋梦麟对蔡元培所推行的五育并举的教育方针肯定有加，并竭力维护和发扬。1918年，蒋梦麟出任中华职业教育社总书记，是《教育与职业》的主编，并创办《新教育》月刊。刚留学回国一年的蒋梦麟正值年富力强之时，很想为国家的教育事业做一番贡献。他积极投身于教育革新运动，非常重视五育并举的体育思想。其中最具代表性的行为，是他积极地将这种五育并举的体育思想传播到全国各种学校。蒋梦麟推行五育并举的体育思想，在他1918年发表的《世界大战后吾国教育之注重点》一文中得到充分体现。在文中他先介绍了欧美诸国的教育状况，指出了中国教育今后

---

① 柴云梅. 蔡元培体育教育观研究及其启示 [J]. 北京：北京体育大学学报，2017. 40（4）：69-74.

的发展方向,并以简洁的语言提出了他关于教育方针的意见:

(一)发展个性以养成健全之人格。

(二)注重美感教育体育以养成健全之个人。

(三)注重科学以养成正当之知识。

(四)注重职业陶冶以养成生计之观念。

(五)注重公民训练以养成平民政治之精神。

蒋梦麟在1918年5月发表的《建设新国家之教育观念》一文中指出:"物质科学以外,将兼及精神科学也。西洋近数十年来之进步,皆归功于物质科学。然而昔日借物质科学之功而建设者,今亦以其力而破坏之;借物质科学之功以养人者,今亦以其力而杀人;利器之误用,其祸盖甚大也。夫物质科学功效之伟大,人人得而知之,而物质科学之杀人,非其罪也,用之者之罪耳。物质科学,不过为促进文明之一方法。文明之宗旨,在发达人类精神上之快乐也。德育也,美感也,体育也,皆所以发达人类精神上快乐之具也。由此而论战后之教育,则学校之课程,科学与道德,美感,体育及艺术将并重也。"[①]

蒋梦麟认为,科学和艺术是幸福生活的两个方面。科学能从生活的各个层次供给人生的需要,但科学的结果是创造了物质财富,仅有物质财富而没有精神财富的生活亦不是圆满的。因此,蒋梦麟说:"有丰富的物质,无丰富的精神是死的;有丰富的精神,无丰富的物质就要飞到天上去。""科学是心智探索自然法则的表现,艺术

---

① 张景,黄亚飞.蔡元培与蒋梦麟体育思想比较研究[J].北京:体育文化导刊,2010(9):150-153.

则是心灵对自然实体所感触的表现，它使人生更丰富、更圆满；科学是心智活动的产物，旨在满足知识上的欲望，结果就创造了物质文明。在现代文明里，艺术与科学必须携手合作，才能使人生圆满无缺。"体育的发展有赖于科学的发展，但是，在科学完备地认识人的基础上，体育的发展旨在谋求人作为主体的潜力和创造力的发挥，而不仅仅局限于对人的身体的训练或养护。也就是说，体育对人的主体价值和独立人格的促进，不是抽象的概念，它体现在体育对人的生物有机体的物质关怀上，更体现在体育对人的内心世界和精神世界的关怀上，这一要求促进了体育价值取向朝着科学与人文相互融合、统一的方向发展。蒋梦麟在倡导科学教育的同时，主张科学与人文的交融，此种认识，在大力推行科学教育和人文素质教育，强调科学文化与人文文化、体育人文精神与科学精神融合的今天，尤能显示出其理论的历史意义。

另外，南开大学创始人张伯苓也是倡导体育运动的著名教育家。在他创办南开大学时，先要满足体育场地器材设施的建设，而后才是其他学科的规划建设等。体育在张伯苓的教育思想中是一个极富光彩的部分。在其一生中，身体力行，几乎参与了中国所有重大体育赛事。从清末至民国，他多次担任大型运动会的总裁判长，并组织发起成立中华体育总会，还曾率领中国体育代表团参加世界或远东国家运动会。他强调"德智体三育之中，我中国人所最缺乏者为体育"。由于张伯苓的大力提倡，南开大学的篮球队、足球队在华北乃至全国都享有盛誉，1929年3月，南开大学篮球队赴南京、上海、青岛等地比赛获全胜，并在上海战胜菲律宾球队，因而有"南开五虎"之称。张伯苓并不是单纯地强调体育，而是使体育有更深刻的意义，这就是"体育与品德"之间的密切关系。他的目的是通过体育运动以锻炼意志与品格，培养和训练体育之精神。他认为体育场上最能体现出"团结合作""公平竞争""胜不骄败不馁"的精神面貌，这正是作为现代文明社会所必需的公民素质。

陶行知是美国教育家、哲学家杜威的学生，在倡导老师杜威的教育理念时，他也提出生活即教育，社会即学校，教学做合一。他主张：行是知之始、在劳力上劳心、以教人者教己、即知即传、六大解放。行是知之始，是陶行知的哲学思想，他认为认识来源于实践，实践是认识的基础。在劳力上劳心、以教人者教己、即知即传都是具体的教学方法，在劳力上劳心，即主张手脑并用；以教人者教己，即主张教学相长；即知即传，则是主张随学随教。

对于新时代的学生，则要求：将强身健体作为一件重要的事情，主动加以落实；要有独立的思想：不人云亦云，具备依据事实作出判断的素养；要有独立的职业意识：能在多样化的实践中逐渐找到自己的兴趣和职业之间的关联，而不是依据自己的考分来决定学习什么。

二、民国时期，英国、德国近代学校体育教育模式在中国汉口形成的学校体育文化

签订《天津条约》后，汉口作为开放的口岸之一，除了与国内外的商贸功能开始凸显外，其近代教育的普及化在外国势力的干预下、在私立教会学校的推波助澜下得到一定的发展。在这个过程中，英国与德国的教会学校模式与本土化的融合符合当时的时代发展规律而留存下来。这里我们要介绍、论述的是两所具有代表性的学校，博学书院（现武汉四中）和上智书院（现武汉六中）。

2014年5月，世界中学生体育联合会秘书长杨坤伦（Jan Coolen）一行，来到武汉四中考察2015年世界中学生田径锦标赛筹备工作并举行了新闻发布会。杨坤伦（Jan Coolen）说："我参观了武汉四中，这是一所拥有百年以上办校历史的学校，他们对未来也充满了雄心壮志，学校对体育和英语非常重视，体育和英语是我们明年举办世界中学生田径锦标赛的主题，武汉四中的学生可以通过体育和英语与来自世界各国的中学生进行交流，增进友谊。同时，我也参观了四中的田径场和正在建设的室内体育场，场地条件符合比赛要求。我相信，世界中学生田径锦标赛将是圆满成功的比赛，届时的成功将会证明我们选择武汉四中是正确的。"

事后，国内外各界对第一次在中国武汉四中举办2015年世界中学生田径锦标赛的效果与影响给予了认可与褒奖。这届运动会也是当年博学中学的学生——水稻之父袁隆平最后一次在母校参加体育社交活动。这届世界性的中学生田径运动会是袁老在武汉四中（博学中学）百年校庆（2010）的时候，由他倡导、提议举办的。

回溯到20世纪初，博学书院于1899年创办，1927年前，博学原名博学书院。1928年后，改名博学中学。杨格非是这所学校的创始人，1896年，英国基督教伦敦教会首先派遣他到我国华中地区传教并办学。博学建校之初，原在汉口花楼街居巷。1908年，杨格非在市郊韩家墩、刘家墩兴建这所规模宏大的校园（今天武汉四中校

<<< 第三章　早期奥林匹克运动发展与民国时期的汉口、
　　　　武昌、汉阳地区的学校体育发展构筑

址），这所学校占用的土地全部是韩、刘二墩地方农民的自耕良田。杨格非贱价收购，实际上是占领。当时口头上协议：凡是韩、刘二墩地方农民子弟入学，可以免费或减费。建校之初至1927年以前，韩、刘二墩只有两家信奉基督教的人家，共7人受到免费入学，完成高中或初中学业。博学建校始终推崇英语教学与体育育人。他们因英语较好，毕业后，大部分考入海关工作，一人考入中国香港大学。

图3-1　杨格非（左）与博学书院院长潘雅德牧师（右）
　　　　及友人在博学书院合影

图片来源：武汉四中校史档案馆

博学中学的建筑主体由世界各地的朋友们捐赠，为纪念Rev. Griffith John, D. D. 五十年来的传教活动而建立。其基石于1907年6月8日铺设：一块由H. B. M. 总领事Everard Fraser, K. C. M. G.

武汉学校体育发展概述（晚清、民国篇） >>>

铺下；另一块则由 Hankow Taotai 代表 Viceroy，IT. E. Chang Chih Tung 铺下。建筑和厂房自其后进行了不少翻新。

　　学校占地超过四十五英亩，十分醒目、出众。校区靠近汉江，距离汉口市潮桥口约三英里，距离外国租界仅六英里，水路、陆路均可快捷抵达。

　　学校建筑依照英国教育委员会的要求进行设计，包含教室、餐厅、图书馆、实验室以及宿舍等，同时还有一个宽敞的大礼堂。学校自有照明电厂，并且与汉口自来水厂相连，能够确保充足的纯净水供应。

图 3-2　早期博学书院礼拜堂

图片来源：武汉四中校史档案馆

<<< 第三章 早期奥林匹克运动发展与民国时期的汉口、
武昌、汉阳地区的学校体育发展构筑

图 3-3 早期博学书院全景图

图片来源：武汉四中校史档案馆

宿舍可容纳约 200 人居住，但所有建筑按计划完成后，可容纳的人数将再翻一番。

学校对学生的身体发展给予了相当的重视，每一座设施都配备了各种形式的体育器材。其中包括一个网球场、三个足球场以及一个 500 码跑道等，曲棍球和板球等运动也可以进行。除特殊原因豁免以外，所有教师都要强制进行一定的体育运动——老师必须每周进行两小时的训练或体操运动。

学校认为每一名男孩都需要学会游泳，因此 1918 年春季建立了一座混凝土游泳池。这座游泳池由学校教师亲手建造，长 60 英尺（18 米），宽 30 英尺（9 米），深度为 3 英尺 6 英寸到 5 英尺 3 英寸（1.1—1.6 米）。泳池投入使用后，为师生们带来了诸多乐趣。水质测试表明，对泳池内用水进行的处理能够满足其功能需求。

图 3-4　20 世纪 40 年代，博学中学游泳课教学场景

图片来源：武汉四中校史档案馆

"水稻之父"袁隆平院士回忆他在博学中学关于游泳的一段经历时，非常谐趣地谈道，1947 年 6 月，湖北省举办全省运动会，学校挑选了十几名体格魁梧的同学参加汉口市的游泳选拔赛。我非常喜爱游泳，便向体育老师周庆宣报名，要求参加预选。他朝我打量了一番后，摇头说："你个子太小（当时我尚未发育），没有体力，不行！"次日早晨，周老师带队在前，十多个彪形大汉每人骑上一部自行车，一字长蛇阵地奔向市内某游泳馆。因为贪玩和为了看热闹，我偷偷跳上最后一名同学的单车后座，待到达预赛场地，周老师发现了我，便笑着说："你既然来了，就试试吧！"结果，出乎大家的意料（包括本人在内），我竟在汉口市的预选赛中获得 100 米和 400 米自由式的第一名，而其他同学都名落孙山。从此，体育老师就对

>>> 第三章 早期奥林匹克运动发展与民国时期的汉口、
武昌、汉阳地区的学校体育发展构筑

我刮目相看了。不久，我便在武汉东湖举行的全省运动会中获得两块游泳银牌，为学校增添了光彩。我们回校时，受到了热烈欢迎。同学们在博中门口把我抬起来，往上使劲地抛了好多次。

重组后，学校更名为吉夫菲斯·约翰学院，下设四个部门，即中学部、英华部、高中部和神学院。

中学部主要进行白话教育，其课程与英华部Ⅳ级课程类似。英语作为现代语言而非教学语言进行教授，教学重点侧重于中文知识。四年级课程加入了教育学内容，中学部毕业并获得结业证书的学生可在小学部进行授课。

英华部的培训期为两年，每年根据结业证书考试颁发两次奖学金：大学生第一年学习Ⅴ级课程，第二年学习Ⅵ级课程。

学费尽可能降低但必须在学期开始时支付：

  住宿与学费 $35.00 每学期

  体育 $1.00 每学期

  书籍保证金 $2.00 每学期

每学期末书籍账户中的剩余部分将返还给学生。

目前，中学部仅容纳部分学生住宿，每学期开始时通过考试进行录取，教堂帮工和成员的子女优先录取。

如果资金允许，每年由伦敦会小学部向本部提供奖学金。

中学部拥有自己的运动场，其生活与英华部有所不同。

课本、书籍账户以及体育费用

打印的课本清单可按要求提供。每一名学生需缴纳5美元押金，其中3美元为书籍押金，2美元为体育课费用。所有书籍和其他账户都需要在学生结业之前结算。所有付款都开具发票。

费用：住宿与学费

费用需在各学期开始之时缴纳，未经学生家长或监护人书面保证不可延期缴纳。费用为阶梯式分布，每年减少10%，如表3-1所示：

表3-1　汉口博学书院收费表

学习年份	第1年	第2年	第3年	第4年	第5年	第6年
每年费用	$140	$130	$120	$110	$100	$90
每学期费用	$70	$65	$≥60	$55	$≥50	$40
书籍保证金	$3	$3	$3	$3	$3	$3
体育费用	$2	$2	$2	$2	$2	$2
每学期总计	$75	$70	$≥65	$≥60	$55	$≥50

注：第六学年后，无后续减免。此类费用包括学费和餐食以及理发和洗衣等。体操作为单独的一门课程，也列入其当时学校的教育体系之中。

图3-5　民国时期的博学书院学生上体操单杠课存照

图片来源：武汉四中校史档案馆

<<< 第三章 早期奥林匹克运动发展与民国时期的汉口、
武昌、汉阳地区的学校体育发展构筑

1927年以前，博学书院的足球队已闻名遐迩；1927年之后，博学中学足球队更是蜚声三镇。宽阔平坦、绿草如茵的三个足球场，镶嵌在校园茂密的高物、梧桐之间，颇具魅力。平常在课余球场林间，人影幢幢，一片勃勃生机。学校班级之间的足球友谊赛，无日无之。跨班级组织的足球队，多有赛事。学校足球队或出征外校，或邀请外校足球队来校比赛。1932年，学校足球队邀请武昌博文中学足球队来校比赛，博文中学由金校长率队前来，并担任裁判。开赛时由两校校长中线开球，显示出校际的联谊色彩。当时三个镇的三所教会学校（文华中学、博文中学、博学中学）之间常有赛事，三者势均力敌，比赛时互有胜负。博学足球队与公立学校（如汉阳三中、汉口职业中学）足球队比赛，博学足球队实力稍胜一筹，屡屡获胜。1934年，三个镇的中学开展足球锦标赛，博学中学力克群雄，获得冠军，捧回银质奖牌，当时足球队的领队是吴兰阶先生。

英国军舰每当驶入中国内河汉口港太古码头时，水兵足球队总要到博学中学与学校足球队比赛。水兵队球员皆人高马大，拼抢凶狠，学校足球队不是他们的对手。黑指足球队（Black Finger Soccer Team）是校内跨班级组织的一支球队，队员的年龄为16岁至18岁，素质好，有初生牛犊不畏虎之气概。他们有良好的基本功，奔跑积极，配合默契，进攻意识强，力战博文中学的义勇足球队和文华中学的飞鹏足球队，战果辉煌。随后，他们与汉口三体育协会的三育（成人）足球队在汉口中山公园足球场交锋，黑指足球队出奇制胜。当时，这一消息披露报端，诚然是博学中学一道亮丽的风景线。

博学中学得天独厚，有碧草如茵的三个足球场，学校足球运动

121

开展得较为普及。从教练条件看，曾聘请出身体育专科的老师担任教练。1928年以来，负责体育的教师有高福清、吴兰阶、周庆堂、万业文等，在学校担任体育教学工作及足球队教练，他们对该校足球运动起到一定的组织推动作用。

驻校英国人孔乐德系英国剑桥大学理工学士，原为英国皇家足球队守门员，他对学校足球队的训练倾注了不少精力，每天清晨训练，特别是练习踢露水球时抓得很紧。孔乐德认为中线拼抢是一个主要课题，中卫5中锋同进退，首尾呼应要机动灵活，他视中卫为场上灵魂，可向左右翼传球，是创造进攻条件、捕捉射门的良好机会。他的这些指教，是符合足球竞赛规律的。他那守门扑球的矫健身影，至今仍浮现在我们眼前。[1]

图3-6 武汉六中创办人：希贤（Eugenio Massi）主教

图片来源：武汉六中校史馆供图

---

[1] 韩世嘉,等. 早期的博学中学 [J]. 武汉文史资料, 1999（80）：44-47.

<<< 第三章 早期奥林匹克运动发展与民国时期的汉口、
武昌、汉阳地区的学校体育发展构筑

　　武汉六中追本溯源，是 1903 年德国传教士购买汉口后湖地区建立起的一所学堂，早期学堂名为德华学堂。当时，学堂是上海同济大学的预校，从德华学堂毕业的学生可以保送至中国上海同济大学或去德国留学，有些学生则被推荐至当时德国在华的商行就业。1918 年第一次世界大战后，德华学堂几易其主，被汉口政府收回，后在 1928 年又被德国人收回产权；1933 年湖北天主教总教，希贤（Eugenio Massi）报请意大利政府，从"庚子赔款"中拨款购得学校全部产权，并于 1935 年在德华学堂的原址上创办男校，并改名为私立汉口上智初级中学；1938 年成立高中部，正式改名为私立汉口上智中学。新中国成立后，被武汉市政府收回，成立公立武汉六中。①

　　自私立上智中学始，校训为：修德、尚智。虽然是私立教会学校，但是当时的政府要求学校必须开设德育课，以"三民主义"为核心，初中设有童子军，高中部施行军事训练等。延续到实践的教育之中，体育在德华学堂——私立上智中学是学校的主要开设课程之一。

图 3-7　武汉六中百年教学楼

图片来源：武汉六中校史馆

---

① 江云. 修德尚智：武汉六中百年史的上智片段 [J]. 中国德育，2010，5 (4)：86-90.

武汉学校体育发展概述（晚清、民国篇）　>>>

图 3-8　上智中学时期的操场和防空洞

图片来源：武汉六中校史馆

"体"与"乐"在上智的教育体系中，与"德"和"智"同样重要。学校体育工作除了春秋两季的校级田径运动会之外，每学期的课余时间还组织学生参加各种球类项目的比赛。因此，在体育场地设施的建设上，按照德式的教育体系构筑有完备的标准田径场、篮球场、排球场等，此外，乒乓球台、室内的体操健身房等也一应俱全。

学生在课余时虽不像博学中学那样特别重视体育运动，但是也自觉地走进体育活动场所，参与自己喜好的体育运动项目。每到下午的课余时间，学校体育场地上聚集的学生参与体育运动的占学生总人数的三分之一以上。

由于沿袭了德式教育的风格，从德华学堂到上智中学，学校在田径项目上的教学、业余训练方面做出了自己的特色。田径项目中，学校对跳、投项目比较重视。民国时期，在汉口市运动会上，上智学校的运动员在投掷与跳跃（跳高、跳远）项目上夺得的名次要强

>>> 第三章 早期奥林匹克运动发展与民国时期的汉口、
武昌、汉阳地区的学校体育发展构筑

于其他学校（譬如博学）。据民国时期生活在汉口的市民王思连先生（原武汉教育学院体育系教师）口述，上智中学田径中的田赛项目、篮球等运动水平在当时汉口地区的发展水平相对较高，与博学足球，田径中的竞赛项目中称霸汉口，甚至与彼时的武汉三镇之前形成鲜明的对比。虽然今天的上智中学（武汉六中）在重视发展竞技体育运动的过程中稍逊于武汉四中，但学校仍旧是国家体育项目传统学校和全国贯彻学校体育卫生条例先进学校。

从博学学堂到博学中学，再到武汉四中，再历经岁月的考究，又回到武汉四中·博学中学。校名称呼的更迭，似是仅仅更改了文字。校园里，百年后留下的只有教堂和一栋教学楼，历史有意抹去了老博学学堂的殖民痕迹；在历史的反反复复中，杨格非开创的英式学校教育的根基似乎在近代教育与现代教育的转型中，顽强地生存下来。让武汉四中·博学中学生存下来的不仅仅是英式英语教学的现代性，更重要的是学校体育教育的融入；整个学校的教育体系中，学校体育教育从未懈怠过，它满足了一代又一代青少年对自我、身心的不懈追求。奥林匹克精神中更快、更高、更强的口号，从清末民国初年的博学中学与博文中学的校际田径赛、足球赛中体现出来。到2015年世界中学生田径锦标赛在武汉四中·博学中学举办，我们知晓了该赛事一直以欧洲为"家"，像本次这样一个学校筹办一项国际大赛，不仅国内尚属首次，在世界范围也是第一次。挑剔的欧洲人把这项赛事放在武汉四中·博学中学，放在一个学校里举办，我们惊讶之余，应该感叹的是学校在建校一百多年的历史中，一直为社会、国家输送田径类、足球类、体操类等体育人才。教育部、

125

体育总局将全国百佳特色学校的名称授予该校，足以说明，学校体育文化的发展建设在这个百年老校中，不断绽放出新的夺目花朵。

回过头，我们再重新审视德华学堂—上智中学—武汉六中的发展历史。从军操，到体操，到田径，到铅球、投掷，到篮球，我们更多的是从历史的照片中看见了德华、上智的影子。新中国成立后，博学中学和上智中学都被政府接管，并分别改名为"武汉四中"和"武汉六中"。虽都在汉口区域内，但是由于地理位置的不同，所赋予的社会功能迥异。1949年，汉口解放；1955年，汉口被人民解放军接管后，成为中南军政府驻地。武汉六中所在的区域（今天的江岸区）是中南军政府等政府单位的主要办公区域，因此在对接管的学校管理汉口区域内，江岸区比较彻底地进行了社会主义改造。去殖民化思想改造、扫盲、识字运动等让学校的办学定位重新树立。所以在武汉六中百年校庆的时候，我们更多的是各级政府的题词，说明当时学校在进行社会主义改造后，培养的方向从原先的殖民化的西方自然科学人才培养模式向社会主义又红又专的人才培养模式转变。体育教育在"增强人民体质，发展体育运动"的道路上被融合为新中国的学校体育教育模式。此时，强调的是整体，而对于个体的自我发展、突破，并没有放在突出的位置。

反观博学中学在政府接管后变为武汉四中，其在20世纪50年代的社会主义改造的过程中，由于学校所在的地理位置（硚口区，但是在汉口向西的边缘，属于汉口的郊区），受关注度较武汉六中弱；有些教育理念在社会主义改造去殖民化后（譬如，双语教学），因为仍旧遵循了一定的教育规律，所以在隐形的办学宗旨中被传承

<<< 第三章 早期奥林匹克运动发展与民国时期的汉口、
武昌、汉阳地区的学校体育发展构筑

下来。学校体育作为整个学校教育的组成部分，在去殖民化后，教育者和受教育者在没有羁绊的情况下，更容易在一个真空环境中自我发展。在这里需要说明的是，接受社会主义改造后的武汉四中的地理位置决定了学校的生源更多的是来自社会基层的普通百姓人家，他们对教育的诉求来自20世纪50年代整个国家对劳动者的诉求，即识文断字、强健身体，成为一名合格的社会主义劳动者。在这里，体育的功能被重塑，强健的体魄是学生走上工人劳动岗位的必备条件之一（当时，社会现代化条件相对落后，机器不能完全代替人来生产）。当然，武汉六中因为地理位置的优势，在接收了社会最新的大量社会文化、政治信息之后，受教育者立足进入更高层次的学院、机构接受再教育，实现进入社会的管理层（干部编制），因此德与智的培养被更加重视。虽然20世纪60年代，知识分子也受到了批判（"臭老九"），但是在改革开放后，知识分子也属于工人阶级的一部分的历史重新定位，让智育在五育教育的培养体系中有些鹤立鸡群的意味。时至今日，在汉口地区，省级优质学校（重点）和教育资源均在江岸区，足以说明一些问题。

用现代性的视角，我们清晰地看见，教会教育在清末民国时期的汉口地区，殖民化的外衣被民族化的运动逐渐扒掉后，教育朝着科学、自然的方向迈进，学校体育在近代奥林匹克运动发展的推动下，让人的发展符合现代性的要求，在某种和谐中得到拓展。

三、民国时期的武昌、汉阳学堂教育的官方改革中，引入日本、美国学校体育模式及本地化改良

相对于汉口地区清末、民国初期的教会教育蓬勃发展，武昌在清末，张之洞主政湖北时期对西式近代教育与中国传统的学堂教育进行改良后，顺应了当时社会的现代性发展。至民国初期，中式学堂完成了向近代教育迈进的改良。在武昌城内（今昙华林附近），官办学堂逐渐开始按照近代教育的发展规律，将自然科学作为教育的基本分类原则，按照工商农方向细化了教育的分类，但是学校体育从小学教育至大学教育都囊括其中。

张之洞主政湖北时期，德国、日本的近代教育走上了为民族复兴的强国之路，军操作为体育教育的主要手段之一，也曾经被张之洞纳入其学堂教育的内容之一；五四运动后，国人在与世界的交流中，曾经也提出了"教育救国"的口号；学校体育受欧美教育的现代性影响，受教育的个体由晚清的被强化的民族性慢慢向个体的自然性发展过渡。军操变成体操，体操又变成体育科，体育科再变成体育课。

武昌相对于汉口来说，由于其承担的社会功能是中南区域和湖北省内的主要行政驻地，其文化的发展脉络主要与政治相关联，在教育上有"先天下之忧而忧"的格局。清代晚期，由于对外交流的加深，当时的士大夫希望用西式教育来改变国民传统的、旧有的思维模式。在身体上，德国、日本的学校体育（军操）在塑造国民身心发展与民族振兴上有一定的示范效应，因此，军操被武昌城内新

<<< 第三章 早期奥林匹克运动发展与民国时期的汉口、
武昌、汉阳地区的学校体育发展构筑

式的学堂普及开来。

18世纪,在腓特烈二世军威大振之后,整个欧洲都争相学习普鲁士对军人身体的操练方法。普鲁士军事条例规定,军人站立、握枪、射击等都有非常明确的规定。这种对军人的姿势细密的规训,目的就是使身体能够娴熟地掌握枪械的操作与使用,把全身力量都调动起来,在同一单位时间内,最大限度地提升部队的战斗力。而这些对军人身体的强制性规训,就是18世纪的军事理论家所说的"操练",于是传统的习惯性训练方法开始让位于明确的和强制性的规定,这可以说是最早的关于军操的相关定义。"普法战争之后,世界军事界的兴趣都集中在普鲁士和新生的德意志帝国军队上,从那之后,人们都仿效德国。"随着德国军事被广泛地注目,德国军操法也被大多数国家所接纳和效仿,并通过不断地发展,形成了西方一套以新式武器为基础的养兵、练兵方法。

普法战争中,德国大获全胜,其陆军强大之威名享誉全球,李鸿章也非常向往德国的军队训练之法。所以,淮军军事训练的学习对象开始转向德国,其内容包括聘请德国人为教习、效仿德国的军队建制、引入德国的军操训练方法等,希望淮军能够通过模仿德国获得改变,形成强有力的阵容来提升军队的战斗力。再加上当时的德国政府与军界也希望通过这些举措来密切中德之间的军事往来,这一影响也使得德国势力广泛渗入到清末陆军的军事改革之中。

中日甲午战争后,日本攫取了大量的赔款和特权,中国朝野反日情绪高涨,抵制日货等爱国运动兴起,而"三国干涉还辽"后,日本外交孤立,再加上德国侵略中国青岛,使得日本在华利益受到

129

很大的威胁。并且,当时日本与俄国正在中国东北争夺,中日关系的对立不利于日本在争夺中获得胜利,所以其希望缓和中日之间的矛盾,并联合中国来抗衡俄国。因此,日本极力倡导"兴亚论",希望通过制造中日亲善的虚伪骗局,来引导亚洲人民联合起来共同对抗西方列强。日本首先从当时反日强烈的刘坤一、张之洞等手握实权的地方督抚入手,采取各种扶持拉拢政策。例如,日本陆军大佐神尾光臣求见张之洞,虽然张之洞并未接见,但是张之洞对其提出的派要员赴日观操和派遣留日军事生的建议很感兴趣;日本驻华公使矢野龙溪写信给当时的日本外务大臣西德次郎,建议日本大量招收清朝留学生,希望通过"派遣日本顾问和接收中国留学生来推进日本势力悄然渗透于东亚大陆"。矢野龙溪非常赞同西德次郎的建议,还主张加大军事合作,意图在清政府的新式陆军建设中增加日本方面的影响力。总之,当时日本采取了积极主动的对华政策,以援助中国为借口来参与中国的军事近代化转型。这一改变在清政府官员中产生了很大的影响力,张之洞、刘坤一等人都颇为动心。1898年,张之洞首先聘请日本陆军中佐大原武庆为军事顾问,同时又委托他在湖北的军队将校中讲授日本先进的军事课程。第二年,张之洞聘请工兵大尉平尾次郎、步兵大尉久米德太郎两人教授陆军操练方法,湖北成了近代中国聘请日本军事顾问较早的地区。

1898年,湖北自强学堂就开设了"外语、历史、地理、数学、理科、汉文、体操和兵操"八门功课。到了1902年,清政府拟定了《钦定学堂章程》,正式规定了各学堂开设"体操"课,"中学堂,为高等小学毕业之升途,即为入高等学之预备。课目:修身、读经、算学、辞章、中外史、外国文、图画、博物、物理、化学、体操。""寻常小学课：修身、读经、作文、习字、史学、舆地、算术、体操。"

1904年清政府又出台了《奏定学堂章程》（癸卯学制），不仅进一步确定了体操课程，还对这门课的课时、内容、教法等做了明确的规定。至此，由日本兵操演变来的体操就通过官方规定进入了清末的各类学堂，成了必修的科目。学校体操的全面发展，冲击了我国传统教育"重文轻武"的思想，而且对当时我国近代学校体育教育的发展产生了重要影响。[①]

晚清的武昌城内的湖北自强学堂到民国后，演变为国立武汉大学，已是到了1928年的光景。学校体育在学堂到大学的演绎中，逐步与世界近代教育紧紧融合在一起。今天我们走进珞珈山下的武汉大学宋卿体育馆，仍能感受到民国时，莘莘学子在馆内跳跃、兴奋的运动场景。

图3-9 武汉大学宋卿体育馆，修建于1935年，1936年竣工

---

① 杜宇. 论清末新军军操日本化的历程及影响 [D]. 武汉：湖北大学，2014.

珞珈山下的操场上不仅仅是军操的上课地点，还是近代学校体育与奥林匹克运动的传播场所，传统的中华体育精神与现代自由搏击的体育文化相融相洽。

1901年5月11日，文华、博文等教会书院联合举办试验性田径运动会和每周六下午轮流进行足球比赛，算是武汉学校内最早的竞技体育活动；1919年4月17日，国立武昌高等师范学校发布校令，将"体操科"改称体育课，是武汉的大学教育将体育列入正规教学的起点。

武汉大学在侧船山下修建的这个泳场，是整个武昌东湖湖滨最早人工修建的游泳场。泳场建成后，不仅供武汉大学师生使用，更吸引了周边市民也前来游泳，特别是每逢暑假，学生大多离校，游泳池就成为市民的水上乐园。每当此时，场内每日皆人声鼎沸、水花四溅，场面热闹至极。

1932年，武汉大学聘请从国外留学归来的袁浚担任体育部主任。袁浚1901年出生于湖南岳阳洞庭湖上的一个船工家庭，自幼熟悉水性；1916年至1923年，他先后在教会创办的岳阳湖滨书院中学部和大学部就读，并担任体育助教，随后考入国立东南大学，于1926年毕业并获得体育系教育学学士学位；1931年，袁浚又考入德国国立体育大学学习军事体育，后转入德国国家警察体育学校游泳训练班，并因成绩优异而被吸收为德国游泳联合会和游泳救生会两会的会员。武汉大学学生施应霆曾回忆道："袁师体健肤黑，双目有神，开朗健谈，易和同学打成一片，同学们也乐与之接近。"在他的努力下，武汉大学的体育教学有声有色，得到了教育部褒扬，特别是游泳，成

<<< 第三章 早期奥林匹克运动发展与民国时期的汉口、
武昌、汉阳地区的学校体育发展构筑

为一大特色,被列为必修课,游泳达标也成了武汉大学学生毕业的必要条件。1934年,身在武昌的张学良,曾到武汉大学参观并得以结识袁浚。在武汉期间,张学良常向袁浚学习游泳技巧,并来武汉大学东湖边游泳。从此以后,游泳运动在武汉大学更加广泛地开展起来,加之东湖湖水清澈、水域浩渺,风景和气象自然远非人工挖掘的小游泳池可比,在东湖游泳很快也就成了武汉大学校园的一种风气和传统。

图 3-10 国立武汉大学游泳队

图片来源:《国立武汉大学民二五级毕业纪念刊》,1936年

在国立武汉大学的校史中,与体育有关的还有一位教授,他不是体育教师,而是理学院的生物科教授汤佩松。汤佩松是清末湖北谘议局议长汤化龙之子,清华留美生,1933年回国,他受聘来武汉

大学任教，当时年仅 30 岁，他的到来给珞珈山带来了别样的气息。汤佩松确实是一名运动健将，早在清华学校时，他便是校中一位近乎全能的体育明星，无论是田径、足球、棒球、网球还是武术他都很在行，是全校少数几位获得"全能奖"的体育运动员之一。到武汉大学后，他对运动的热爱与执着仍然延续，他常与教授和学生们打网球、踢足球，也参与了武汉大学足球队的组建。学生施应霆曾回忆道：我多次看到汤老师和同学们一起踢足球，而且奔跑得很快，不禁精神为之大振。汤老师饮誉讲坛，又奔驰在球场上，以身作则，为我们树立了楷模，令我肃然起敬。记得有一次，我路过学校网球场，又看见汤老师和高尚荫老师在打网球，虽然双方的球艺水平不足以言高，但这种热爱生活、自强不息的精神在高级知识分子当中是很少见的。不记得是哪一个学期，一个风和日丽的下午，汉口著名网球运动员罗光圭先生来校和汤老师举行友谊赛，我闻讯前往观战，罗光圭和罗光圭的弟弟罗光彩是 20 世纪 30 年代武汉男子网球双打冠军，多次代表湖北参加华中及全国运动会，罗光圭的球艺显然高于汤老师，但比赛时汤老师不畏强手，奋力拼搏，屡败屡战，坚持到底，并且看准对方弱点之所在，多次打到罗君的反手处，使其难以回击，罗光圭频频举手，连呼"Nice、Nice"，汤老师亦报以微笑。比赛结束，汤老师虽败犹荣……

<<< 第三章 早期奥林匹克运动发展与民国时期的汉口、
武昌、汉阳地区的学校体育发展构筑

图 3-11 20 世纪 30 年代国立武汉大学足球队合影，
后排左一为体育部主任袁浚，左二为汤佩松

图片来源：《国立武汉大学民二四级毕业纪念刊》，1935 年

从珞珈山的宋卿体育馆，到笔架山的东湖，我们返回到武昌城内的昙华林，徘徊在湖北中医药大学的翟雅阁博物馆（原文华大学体育馆，为纪念文华大学第五任校长翟雅阁而修建）里。如今这座百年老体育馆在昙华林的绿树葱郁掩映中熠熠生辉。

图 3-12　湖北中医药大学的翟雅阁博物馆，原文华大学翟雅阁体育馆
图片来源：华中师范大学校史档案馆

从下图的老照片中，我们能够清晰地看到百年前的翟雅阁体育馆的原貌，以及体育馆前的排球场空地上，有学生在享受着体育的愉悦。

图 3-13　翟雅阁建成初期黑白照片
图片来源：华中师范大学校史档案馆

从文华书院到文华大学，再到1924年改名为华中大学。华中大学坚持"立足本位文化，放眼人类文明"的思想办学，聘请国内外

>>> 第三章 早期奥林匹克运动发展与民国时期的汉口、
武昌、汉阳地区的学校体育发展构筑

名师任教。1901年,在昙华林举行的武汉市第一届校际运动会中,文华书院在六个项目的角逐中夺得四个项目的冠军。1903年,文华书院设立正、备两馆,正馆即大学部。1905年,在体育教师麦卡锡(Mr. Mac Carthy)的努力下,文华书院大学部的体育运动有了很大的起色,如校足球队在华中地区的比赛中战绩斐然。1907年,该足球队取名为"常胜者队(Ever Victorious Team)"。1915年5月16日至22日,以中国、日本、菲律宾三国为主体的"远东运动会"在上海举行,文华大学派梁启崇、吴律书等运动员参赛,这是文华学子首次参加国际性体育赛事。其中,朱恩德获十项全能冠军,梁启崇获得撑竿跳高的第三名和0.5英里接力赛第二名,为中国队争得铜、银牌各一枚,并为中国队增添3分(铜牌1分,银牌2分)。1924年9月8日,华中大学在武昌原文华大学校址上成立。学校体育场地和设施配置齐全,鼓励学生成立各种文体社团组织,积极倡导和支持学生开展体育锻炼,增强体质、健全身心、陶冶情操,进而提高学生的团队意识、应变能力及综合素质。

1912年5月13日,中华学校在中华学堂原址挂牌复办,并在陈时的建议下增办大学,以此成立我校另一前身——中华大学。陈时重视体育对学生的影响和塑造,要"成德""达才",健康的精神必须寓于健康的体魄之中。1915年5月,陈时彼时尚未出任校长,曾主持举办了中华大学第一届春季运动会;1917年,他正式出任校长后,重视体育课的开设,在校内组织了田径队、篮球队、排球队和足球队。据档案考证,20世纪初的"中华民国"第一届全国运动会(南京举办)、第二届全国运动会(北京举办)都是以外国人为主组

137

织发起的。直到1924年的第三届全国运动会（武昌举办）才是首次由中国人自己主办的全国运动会，本次运动会的筹备委员会由熊希龄、张伯苓等9人组成，投入了大量人力、物力，终获圆满成功，而筹备委员会的委员长正是华中师范大学前身中华大学的校长陈时；同年7月，中华全国体育联合会在南京中央大学成立，陈时当选为9名董事之一。

早在戊戌变法前，武昌城内、城外有两所学堂，后成为中学。其一是博文书院（今武汉市第十五中学），1885年创建。之所以在本书中谈起博文书院，究其原因，是中学的学校体育在民国时期，汉口以博学中学为代表，武昌以博文中学为代表，因为这两所学校均是教会学校，博文中学是英国循道会所办，它们在教育理念上比较趋同。诚信、明礼、励志、博文是该校的校训，虽然学校比较推崇文化的教育培养，但是，早期的博文中学还是比较重视体育教育的。在民国初年，最早的汉口、武昌地区的校际体育竞赛就是由这两校发起的，从足球赛，到田径比赛，这两校将竞技体育融入学校体育之中，按照近代学校教育模式，结合奥林匹克运动，以运动会、球类对抗赛形式，走竞技体育的发展道路。

武汉十四中也是百年老校，其前身为创办于1903年的东路高等小学堂和文普通中学堂，1912年改为湖北省立第一中学，后与湖北省武昌高级中学等校合并，1952年定名为湖北省武昌第一中学，1955年更用现名。作为曾经武汉大学的附属中学，武汉十四中的学校体育也被历任学校管理层所重视，足球一直是该校传统的体育运动项目。民国时期，尤其是在民国后期，博文学校在武昌的发展受

<<< 第三章 早期奥林匹克运动发展与民国时期的汉口、
武昌、汉阳地区的学校体育发展构筑

制于武昌其他公办学校的蓬勃发展及社会变革，在教育理念上逐渐丧失自己原有的特色后，武汉十四中对学校体育更加重视。足球运动在该校的发展逐渐蓬勃起来，其学生的参与度与竞技能力，在武昌这边，取代了博文中学，成为第一名，并延续至今。

汉阳有两所学校，是书院教育与教会学校的代表。武汉三中创建于1705年，初名汉阳府（晴川书院），1905年为汉阳府中学堂，抗战胜利后更名为湖北省汉阳高中，1953年定名为武汉市第三中学至今。1903年（光绪二十九年），清政府颁布《奏定学堂章程》制定近代教育体制，汉阳各书院纷纷改制为新式学堂。晴川书院改制为"汉阳中学前堂"，与凤山书院改制的"汉阳中学后堂"共有男生300余人。学堂学制初定四年，后改为五年，按"中学为体，西学为用"的思想开设课程。但刚从封建书院脱胎而出的近代学堂仍有许多封建的教学内容，课程中谈经论道的课时比重还很大，当然也新设置了算学、历史、地理、外语、体操、图画、手工等课程。1912年（民国元年），官立中学改省辖。省将汉阳府中学堂更名为晴川中学，学校实施"中华民国"教育部颁布的"注重道德教育，以实业教育、国民教育辅之；更以美感教育完成其道德"的教育宗旨，开设了修身、国文、英语、历史、地理、数学、博物、物理、化学、法制、经济、图画、手工、乐歌、体操等课程，学制为四年。从晚清的《奏定学堂章程》到民国教育部的教育宗旨，学校体育以体操的形式存在于学堂或中学堂的教育体系中。体操的教育一直延续到新中国成立后，在汉阳地区及向汉阳南边的地区发展开展的较为普及。今天的中国体操之乡——仙桃，就是在此项运动南迁后，影响了仙桃当地的体操运动发展，时至今日，仙桃培养了众多的国际、国内体操明星。

　　汉阳另外一所具有代表性的百年老校是武汉二十三中，英国循道工会为纪念英国传教牧师李修善，在汉阳区西门外——北城巷建道校舍，成立训女书院，学校学制初级四年、高级三年，年级设置上已和近代西方学校的办学体制相近，师范课程有"四书"《圣经》、算术、手工作业等，1919年训女书院更名为私立汉阳训女女子高中，附设初中、高小帮，学校体制和小学制度更趋完善。1932年，定名私立汉阳训女中学。新中国成立后，改名为湖北省汉阳女中。20世纪50年代改名武汉市第二十三中学。学校体育虽在其女校的教育体系中，没有被明显地标注在学校教育发展的主要地位，但是按照近代教育的模式，训女书院和私立汉阳训女中学都重视女性在身心健康方面的发展，尤其是对弱势群体的身心发展倾尽心血。

　　回溯武昌、汉阳地区民国时期的教育发展，地理位置的社会功能决定了其本地教育的发展方向和目标。武昌在晚清就是湖广、两湖地区的总督衙门办公地，教育的发展被国家政治信息密切影响着，近现代教育文化在与传统文化的民族性甄别与融合的过程中起伏较大，连续性被时局操控。从崇尚日本的操课教育到美式的学校，即社会的教育模式，虽然在教育定位上，我们总想用先进的教育理念来为民族的教育现代性提出口号，但在尝试的过程中，体育对于个体的独立性发展，始终是放在次要的位置进行思考。民国中期，教会学堂被中式化后只剩下学堂的硬件躯壳保留下来。从学校体育的角度，武昌城内外的学堂、学校未形成鲜明的体育文化特色。

<<< 第三章 早期奥林匹克运动发展与民国时期的汉口、
武昌、汉阳地区的学校体育发展构筑

当然，在大学教育这个层面，体育对个体的塑造、影响，却表现得淋漓尽致。这与民国时期的国立武汉大学和华中大学，聘请了外国的教育工作者及留洋的优秀教育家有一定的关系，他们从思想与观念上，对体育的认知度、参与度及起到的表率作用是具有前瞻性的，是较为被同层次的人群所认同的，并积极投入其中，体验体育的教化功能。

民国时期的汉阳，逐步发展为工业重镇。教育不是其发展的主流，在土地征用、教育势力渗入等方面，受到一定的限制，所以开办学堂比较繁巨，不论是官办的学堂教育还是教会教育等，拓展的能力较为颓弱。从晴川书院到晴川中学，再到武汉三中，跨越三百多年，到新中国成立，似乎未能实现某种程度上的教育现代性的释放。学校体育作为汉阳地区的代表，武汉三中应该有自己的位置，但是与汉口、武昌相较，却不是那么明显。训女书院作为女子书院，在民国时期，其规模和影响力与同时期的汉口圣若瑟女中、湖北省立第一女子中学相比，则要逊色些。因此，其学校体育文化的发展必将是在限定的一个局域内踱步发展。只能在新中国成立后的教育改革中，重新定位发展。

四、民国时期汉口、武昌、汉阳的学校体育场地设施建设现代性评析

中国有句俗语：皮之不存，毛将焉附。近代学校体育作为课程由操课开始，操——校场，古代军队队列、军事操行的场地。移植到近代学校体育教育中，操课是指专门在空场地上进行队列练习的课。后操课在学校体育中演变为体操，19世纪的欧美学校体育的体操课在教学场地的基础上牵涉到器械，如单杠、双杠、跳马、吊环等，于是，在校场周围或者单独的空地上，竖立着单杠、双杠，吊环，跳马跳台等。进入20世纪，奥林匹克运动在欧美盛行，学校体育逐渐转向以田径、球类等奥林匹克竞技运动项目为主的学校体育教学。此时，以田径场为例，学校体育场地设施开始进行标准化建设。田径场、足球场、篮球场、排球场、羽毛球场、网球场等，都按照统一的基本规格、标准建设。后来，体育场地开始由室外向室内过渡——为便于在风雪天开展体育教学活动，在室外场地的基础上，加盖屋顶，遮风挡雨，遂慢慢演化为今天的体育馆。

  晚清时期汉口、武昌、汉阳地区的官办学堂、教会学校均先后开设操课，作为开展学校体育教学活动的主要内容之一。操课对教学场地的要求没有一个标准的形式，只要有一定空间的场地即可以实施教学。进入民国后，教会学校和民国公立学校将学校体育场地设施作为学校发展的主要内容之一。其中，尤以汉口的博学书院为最优。钱锋、俞汝青著的《中国体育建筑150年》中谈到民国时期，在体育场地的建设中，教会学校逐渐把西方近代体育中的足球、棒球、田径传入湖北。汉口、武昌的正规体育运动场出现在1898年的博学书院，同年，文华书院将原来的操场改为田径场，并建设了体育训练房。晚清时期，武汉三个镇有正规足球场、篮球场、运动场和小型运动场各一个，其余为旧式操场。这里特别需要说明的是，博学书院的田径场当时是整个武汉地区唯一的一个国际标准的田径场——长110m，宽70m，并设有草坪和400m环形跑道。

<<< 第三章 早期奥林匹克运动发展与民国时期的汉口、
武昌、汉阳地区的学校体育发展构筑

从今天部分百年老校的体育场地设施看，博文学堂（今武汉市十五中）、德华（上智）学堂（今武汉市六中）、东路高等小学堂和文普通中学堂（今武汉市十四中）、汉阳晴川书院（今武汉市三中）等学校的校址未有大的变动，因此，这些学校内的田径场位置与早期学校定的位置大致相同，在原有的基础上，历经各个时期的经济环境，由炭渣跑道、天然草坪改为现在的塑胶颗粒跑道及天然（人工）草坪。

百年之后，民国时期的学校体育建筑融入时代的变迁之中。拘于民国时期的经济条件，本不多的学校体育建筑，在经历了新中国成立后的城市重建后，简易的学校体育建筑多半被拆掉，改为其他用途的建筑。目前，整个武汉市民国时期遗留下来、保存完好的学校体育建筑，就是武汉大学的宋卿体育馆和湖北中医药大学（原文华大学）的翟雅阁体育馆。

图3-14 今天的宋卿体育馆

143

早期西方建筑师从西方建筑方案构思的基本思维方式出发，创作中华民族形式的作品时，强调西方的体量组合，力求使单体建筑都有丰富的建筑形式。他们利用欧美建筑当时的工程设计技术，外部造型借鉴中国传统宫殿建筑构图元素，结合西方建筑风格的新建筑样式，构筑成"大屋顶建筑"。1928年夏，南京国民政府聘任李四光、叶雅各等名士筹建国立武汉大学，李四光骑着毛驴实地勘察，相中了东湖之滨、远离闹市、山丘起伏的珞珈山、狮子山一带。随后，李四光聘请美国建筑师凯尔斯（F. H. Kales）为新校舍的建筑工程师兼总图设计师。凯尔斯在构思时，常常在山上一站就是数小时。其间，他还研习了中国著名的建筑经典《营造法式》一书，他对武汉大学规划的首要贡献是对环境的深刻理解与巧妙运用。他遵循建筑设计委员会提出的"中国传统民族建筑外形"的要求，不法常可，西体中用，铸就经典。武汉大学的建筑群外观是地道的中式样貌，内里是西方钢筋水泥结构，因此有传统中式建筑所不具的宏伟气势。宋卿体育馆，美国建筑师凯尔斯选用复杂变化的拱形密檐屋顶，从形式上模仿中国传统的歇山屋顶，作三层跌落的侧窗，利于采光，丰富了建筑造型，又将实用功能最大化，有中国古典建筑之风。

宋卿体育馆试图采用新技术、新材料再现中国传统大屋顶，大跨度空间和别具一格的山墙、屋顶造型、绿色琉璃瓦随着三铰拱的变化转折，形成巴洛克式轮舵形山墙和三重檐歇山顶，这在当时，即便是在西方，也是比较先进的建筑工艺。

<<< 第三章　早期奥林匹克运动发展与民国时期的汉口、
　　　　武昌、汉阳地区的学校体育发展构筑

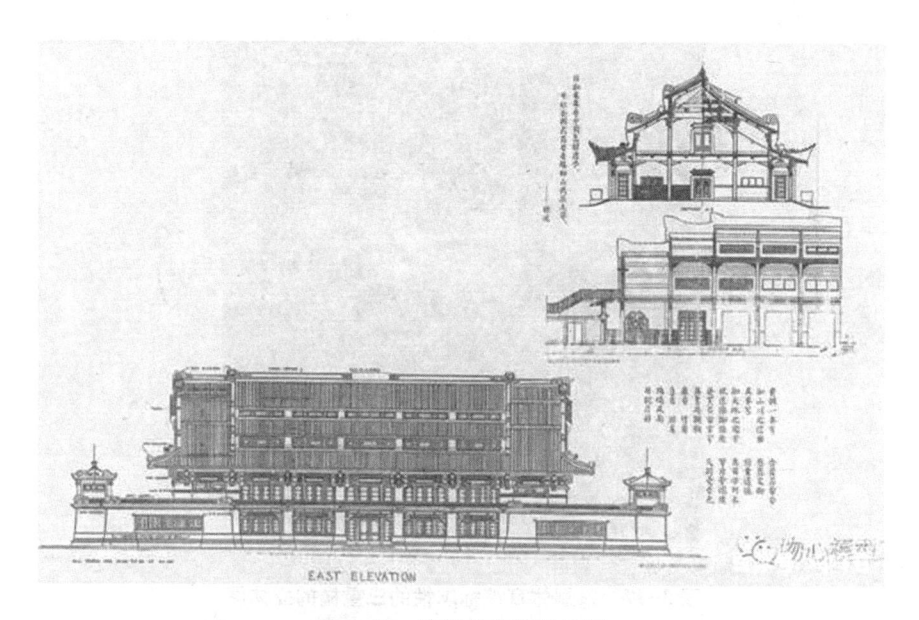

图 3-15　宋卿体育馆设计图

图片来源：武汉大学校史档案馆

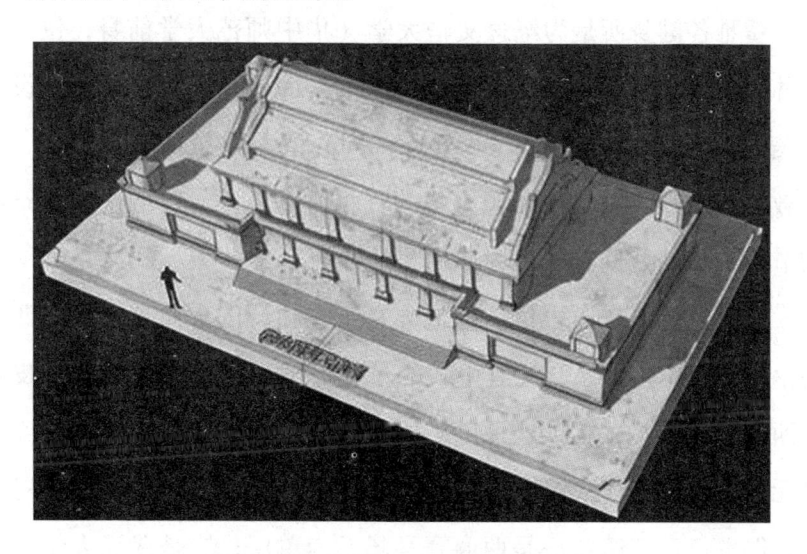

图 3-16　宋卿体育馆南立面及屋顶

图片来源：武汉大学校史档案馆

145

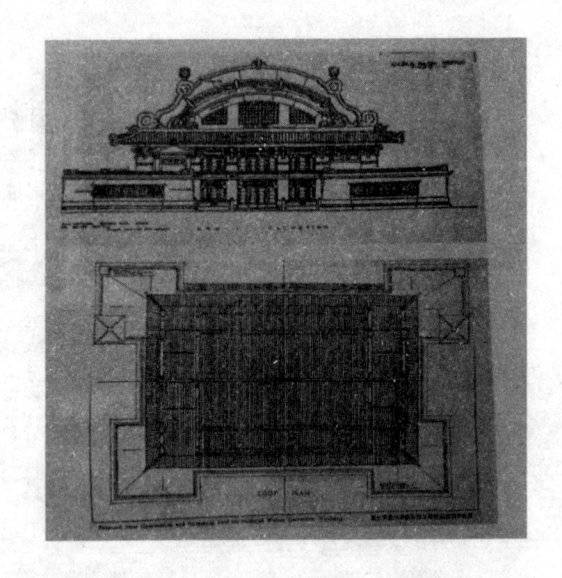

武汉学校体育发展概述（晚清、民国篇） >>>

图 3-17　宋卿体育馆标志性的三重檐的立体图

图片来源：华中师范大学校史档案馆

　　翟雅各健身所是为纪念文华大学（华中师范大学前身，位于昙华林）的首任校长英国人翟雅各（James Jackson）先生所建。设计师美国人柏嘉敏（J. Van Wie Bergamini）既是该校的教职员工，也是教会建筑师。虽然他和翟雅各的资料留下不多，但从这座建筑的细节中，却处处透着"中为洋用"的妙处。

　　这座建筑最有历史价值的地方在于它独特的大屋顶，既有西式的钢木混合结构体系，又有中式的重檐庑殿顶，被称为"戴瓜皮帽穿西装"的典型式样。这种风貌的大体量历史建筑，在国内已经所剩无几，目前只在武汉、山东、上海有存。其中，武汉留存相对较多，但也仅存三座：一是西商赛马场，为单层；二是武汉大学宋卿体育馆，也为单层；三是翟雅各健身所，建成的时间最早，且是仅存的双层结构。

146

<<< 第三章 早期奥林匹克运动发展与民国时期的汉口、
武昌、汉阳地区的学校体育发展构筑

图 3-18 翟雅各健身所主立面图

图片来源：华中师范大学校史档案馆

翟雅各虽然名叫健身所，但实际上更接近一座室内体育馆。二楼原本是一个篮球场，周围环绕着一条小型的跑道，两侧则各搭建两个悬空看台，可以容纳百余名观众。健身所的一楼则安排有厕所、浴室等功能性用房，以及储物柜等。在篮球场的墙边还留存着一排铁制的环形架，当年主要用于运动前后的热身牵拉及恢复，可谓相当先进。

从正面看，分两层，底层清水红砖墙，用水泥框做券门及抹角方窗。底层主入口为简单拱门，城门式的洞形，左右四扇大窗，而中式窗框为方形梅瓣四角；二层是通透的外廊，立柱与额枋既是中国古典式的，又是希腊古典式的。立柱柱头为中国古典的"华表式"，较宽，托住伸开的屋檐。第二层成中国传统柱廊形式，下有麻石柱基，上有廊枋、梁头、雀替、柱间单勾栏，窗棂采用南方民居形式。[①]

---

① 钱锋，喻汝青. 中国体育建筑150年[M]. 上海：同济大学出版社，2021：24-117.

147

图 3-19　翟雅各健身所建筑北面

图片来源：华中师范大学校史档案馆

图 3-20　翟雅各健身所透视及细部

图片来源：华中师范大学校史档案馆

  民国时期的汉口、武昌、汉阳在体育建筑及相关的设施建设上，除了满足体育教学的需要，也被用作群体聚会及新型的体育比赛（球类及其他）。作为一个公共事务的符号，受众不仅仅是当时的人们，可能会延续到下一代及代际更久远的后世。百年后我们回溯，认为翟雅阁和宋卿体育馆包含着的现代性是真实存在的，从建筑的

<<< 第三章 早期奥林匹克运动发展与民国时期的汉口、
武昌、汉阳地区的学校体育发展构筑

实用功能和建筑的美学价值上，我们认为它们存在的意义就是对现代性的自我描述。

现代性是个抽象的概念，如同"子非鱼，安知鱼之乐？"。更多的学者试图从现实的境况，与某个、某段历史的境况进行比较，反思存在的意义与价值，感知其中蕴含的哲理。杨格非曾经谈到过在中国的生活要领，用中国人的方式与中国人对话。柏嘉敏（J. Van Wie Bergamini）和凯尔斯（F. H. Kales）虽都是美国人，但是设计这两栋体育馆的境况却不尽相同。不同之处就在于柏嘉敏是在文华大学生活、教学若干年，认识、理解到中国传统文化的精妙后，开始设计翟雅阁；凯尔斯被李四光聘请为国立武汉大学（筹）的总建筑设计师，他来到武昌后，没有马上开始进行设计工作，而是先对珞珈山实地踏访，研究其地势地貌，又对中国古代的营造法产生兴趣，遂诞生了珞珈山上整个的大学建筑群及宋卿体育馆的设计。翟雅阁体育馆整体的色调是红，而彼时武汉大学的建筑群及宋卿体育馆整体的色调是绿、灰。

还是回到存在的话题上，百年间，昙华林在民国时期属于文化教育区域，包含中式学堂、各类学校建筑和西式的教会学校、教堂等建筑。经历过后剩下了什么，为什么翟雅阁能够存在下来？彼时的翟雅阁，当时的原住民可能认为是现代的吗？太不拘一格了，与中式建筑和西式建筑又有些矛盾，融合不到现实的场景中。"戴瓜皮帽穿西装"显得不伦不类——假洋鬼子？但经过历史岁月的洗涤，翟雅阁体育馆虽历经不同部门的归属，但是在昙华林地区，作为为数不多的比较完整的优秀历史建筑之一，它留存下来了。建筑是承载文化的地方，当文化湮灭的时候，建筑有可能作为文物留存，成为见证历史的工具。也有可能伴随着文化的湮灭而消失，而一旦消失，又觉得弥足珍贵。毁掉的和正在毁掉的，我们能否评判其社会价值与意义呢？当那代人，进入翟雅阁健身、打篮球时，他们想到过"现代"（modernus）及现代生活就是这个样子吗（彼时）？抽象化后，人去楼空，循其本，彼时的时代决定了柏嘉敏将现代性放置在翟雅阁之中的现象。假以时日，我们从历史的垃圾堆中重新拾起它时，我们将会发现，这种现代性散发着历史的回韵，联合国教科文组织文化助理总干事班德林（Francesco. bandarin）2020年11月在武汉曾评价说："我去过很多国家的设计之都促进中心，都是非常现代的建筑，而以一栋历史建筑（修缮后的翟雅阁）作为设计之都会客厅还是第一次见到，非常有意义。某种程度上为我们树立了一个楷模，一个典范。"

　　宋卿体育馆是幸运的，连同武汉大学老的建筑群，在经受战火、社会动荡后，依旧存留下来。在青山绿水之中，乍一从空中俯瞰武汉大学古建筑的绿色琉璃瓦，完全感觉不到建筑的存在，只有从仰视的角度才知道那是建筑，武汉大学的近代建筑，包括宋卿体育馆的绝妙之笔在于建筑与山水融为一体。踏入珞珈山，近代建筑似乎将山的幽雅点燃，完全不觉得多余，恰如其景。我们看见建筑屋顶的绿色琉璃瓦与山中的树木相应，墙面的灰与山体的土黄融合，不经意间，如若不是山中小路指引，完全察觉不到珞珈山中还有如此恢宏建筑。所以不能单独去欣赏宋卿体育馆，而是用全局的角度来审视体育馆建成后与周围建筑、景色的浑然一体。实质上，宋卿体

<<< 第三章 早期奥林匹克运动发展与民国时期的汉口、
武昌、汉阳地区的学校体育发展构筑

育馆超越了原有的建筑功能,它的魅力在于和整体的武汉大学近代建筑群一样,从建筑美学的角度来体现出一种另类的体育精神的美丽。与翟雅阁不同的是,宋卿体育馆将古典的中国皇家的建筑风格融入其中,其歇山顶样式作为鲜明的特征,体现着武汉大学彼时及当今的国内外学术价值典范及学界的地位等。现代性是世界性的,是全人类的,那么什么是世界的呢?现代建筑大师贝聿铭曾经说过,越是民族的就越是世界的。此外,我们跳出了体育的范畴,谈论了这两个民国时期的体育建筑,它们被人们记住的更多原因是它们的形状被记忆留存下来。可能是这种建筑的外形在历史的拆迁中,逐渐被破坏,现存的数量较少,人们抑或各方面的专家对着建筑的故纸稿,再欣赏遗留的建筑时,现代性的鸿沟让他们意识到,当代的人,其实走得并不远,在百年的轮回中,除了技术与材料的更迭外,思想还停在百年前的时代!

那么回到近代体育的话题,彼时的学生或受众进入体育馆,不论运动能力的强弱,都享受了在这座馆里面的运动过程,让他们认为运动的形式或许就是在这样的环境里形成的,让他们成为具有现代意识的社会角色。教育及体育教育的目的在这个过程中就被释放出来。诚然,这两座馆的躯壳被人怀念,是一种建筑上的形式的外延,但是如果其内核中的功能未能得到完全的释放,只能是徒有其名罢了,在历史的洪流中,随时有可能被湮没,被世人遗忘。所以,承载了人的精神文化内涵的建筑,它的现代性必将不断延续着其内外功能的魅力,为世人所记忆、怀念,这也许就是翟雅阁与宋卿体育馆于今天存在及被重新修缮后,让现在的人讨论它们的现代性是什么！

五、晚清、民国时期的汉口、武昌、汉阳学校体育教育、教学体系构筑概述

在清末"癸卯学制"颁布前，洋务学堂的体育课程内容主要包括近代兵操和德日体操，教会学校和基督教青年会虽然没有设置正式的体育课程，但大力介绍了西方体育活动，而这些体育活动比如田径、球类等，后来就成了中小学体育课的主要内容。可见，田径、球类等近代体育项目是通过教会学校和基督教青年会的体育活动介绍来的。因此，教会学校和基督教青年会的体育活动对近代中小学体育课程在中国的萌芽有重要作用。

洋务学堂是我国近代第一批新学校，同时，也是我国历史上第一次将体操（体育）纳入学校教育当中的学校，是我国学校体育发展之源头。这批学校对于体育课程的安排也有了粗略的规范，譬如，在体育课程内容安排上，以体操为主，包括近代兵操和德日体操。我们可以从相关记载中了解到洋务学堂的体育课程实施状况。如《光绪政要》中记载，"以升降（爬桅）娴其技艺，即以练其筋力……文事武备，兼程并课""学生入堂，授以英国语言……授之枪"。1896年8月，在张之洞所创办的两湖书院，第一次设置体育课程。每天下午学生们就会在体育老师的带领下去操场进行身体锻炼，从徒手柔软体操开始，逐渐练习到器械体操。在两湖书院的学生宿舍前，还设置了单杠、双杠等体操设备，以便于学生们能够随时练习体操。当时两湖书院主教的体育内容是兵操，书院给每个学生派

>>> 第三章 早期奥林匹克运动发展与民国时期的汉口、武昌、汉阳地区的学校体育发展构筑

发进行兵操所需要的兵操服。兵操包括步操、炮操、马操三种。担任教学任务的是军营里的军官，其中，步操是由工程营的军官教授负责，马操是由马队的军官教授负责，炮操是由炮队的军官教授负责。

签订《辛丑条约》后，清政府提出了新的教育方针，"以四书五经纲常大义为主，以历代史鉴及中外政治艺学为辅"，来教育"心术端正，文武交修，博通时务，讲求实用"的人才，并把"作育人才"当作"庶政之本"。这个新的教育方针，要求学校重视智育、德育和体育。1906年，又把这个方针具体为"忠君、尊孔、尚公、尚武、尚实"五项教育宗旨，当作全国教育的共同趋向。五项教育宗旨的实质是要求所兴办的各级各类学堂，在封建阶级国家面临严重危机的情况下，培养出封建的买办的奴才，幻想实行封建主义的所谓"修齐治平之规"。五项教育宗旨要求所有学校都必须以"明伦"为目的、以"造士"为任务。"造士"在体育上的具体要求是教学生具有"振武之精神"，以保卫封建阶级国家。这一时期的中小学学校体育是服务于统治需要的。

20世纪初，在军国民体育思想的影响下，当时的中小学体育课程也受到了强烈影响，有着浓厚的"军国民主义"色彩。在学校中，很多的体育课程教学任务都是由军队里的军官或者士兵来承担的，由于这些课程的承担者受过的教育程度有限，甚至有些教育程度为零，并且对于体育课程或者说体育方面相关的专业知识的掌握极为匮乏，同时，又将当时军队中的一些不良风气带到体育课程的教学当中，所以当时的体育课程的教学进行得极为不理想。当时的一名

体操学校的创办者就有这样的描述:"一般无知识、无道德之营弁之士兵,……学生父兄,多仇视体操一科……"可以说,学校体育在这一时期不仅没有促进学生身心健康发展,增强他们的身体素质,反而给人们造成了极为不好的影响,因此,有一些思想先进人士就向清廷学部呈《请设立体操学堂意见书》(以下简称《意见书》),在《意见书》中写道"乃调查各省学堂之教育,其任体操者,非营兵无取也……",《意见书》中对当时的体育课程,表达了极为不满的情绪,同时也对如何更好地进行体育课程提供了极为详细的建议,这在一定程度上提高了人们对体育课程的理解,推动体育课程更好地发展。

1903年,《奏定学堂章程》(以下简称《章程》)的颁布,即"癸卯学制"。《章程》明确体育课的作用与意义。并规定"体操课"为各中小学的必修课,要求小学堂每周三学时,小学堂分为初小和高小,初小是五年制,体操课的教学内容是"有益之运动游戏兼普通体操""宜以兵士体操为主"。中学堂每周二学时,强调"中学堂体操宣讲实用"。对于体操课的教学内容有明确规定:"凡教体操者,勿使规律肃静,……应使练习水泳。"更补充说明:"在中学堂,宜以兵士体操为主。"为保证中小学体育课程实施的顺利进行,《章程》也对体育教学的场地设施做了明确要求,并特别要求供学生进行锻炼的场地应该分为室内和室外,主要目的是避免因为天气的变化而影响体育课,同时提出:"初等小学堂内,应备体操所用之器具。"

民国成立之初,首先是成立教育部,展开资产阶级民主主义的教育改革，先后颁布《普通教育暂行办法》和《普通教育暂行课程标准》，明确规定初等小学可以男女同校，废止中小学读经科。此外还规定，所有其他不合乎"共和国宗旨"的制度和内容，都必须删除或修改。在全国临时教育会议上，对教育宗旨、学校系统和各级学校法令等议案进行了讨论，并通过了多项议案。这些议案陆续由教育部公布施行，还由教育部发布了要求各省"力筹普及教育"的命令。这个教育宗旨，把所谓公民道德教育，当作此时期教育的"中坚"，在这"根本"上，实施富国强兵教育，养成人民为国家尽义务的能力。1912年由教育部颁布《学校系统案》后，接着在1912—1913年又随之制定颁布各类和各级学校的法令和规定，还制定颁布了《大学令》，建立了民国政权制定的首个学制——"壬子癸丑学制"。

民国初期，在中小学体育课程的建构思路方面，军国民体育依然是最重要的课程依据，同时体操课仍然以兵式体操作为上课的主要科目。在《请定军国民教育主义案》中，要求"高等小学及与之同等以上之学堂，一律注重兵式体操；中等以上学堂，一律打靶，并讲授武学……"。在南京临时政府教育部颁发的《普通教育暂行办法》第14条中规定："体操科应注重兵式。"这些规定的颁布及实施是当时的教育总长蔡元培先生的体育思想的直白的体现。继蔡元培之后任教育总长的范源濂，也积极推行军国民体育，非常主张培养学生的尚武精神，关心学生的身心全面发展。他在《说新教育之弊》中认为，对于小学的教育，一定要注意小学生身心的全面发展，这是国民道德的根本，同时，也是教会学生生活及知识所必需的途径，对于中学生的教育，要塑造德智体均衡发展，这也是培养身心健全的中国人的必然要求。因此，在各种因素的影响下，辛亥革命后一段时间里，军国民体育思想和兵式体操发展得非常迅速，成为这一时期体育课程的主要指导思想和主要操课内容。

1922年，在五四新文化运动的冲击下的封建教育思想、军国民教育思想逐渐衰落，美国的资产阶级的实用主义教育学说在中国的教育界迅速地传播。随着从美国留学回国的人不断增多，我国教育行政部门的大学教师以留学生居多。1919年，美国的实用主义教育学家杜威来到中国讲学，之后，美国学者孟禄、推士、麦柯尔等人先后于1921年、1922年、1923年来中国讲学，广泛传播实用主义教育思想。他们的这些实用主义教育思想正适合中国资产阶级当时的需要，很快在教育领域内取得了支配地位，在中国教育界产生了较大的影响。在这种形势下，北洋军阀政府不得不对学校教育进行一些改革。1922年11月正式颁布了《学校系统改革令》，也被称为"壬戌学制"，被称为"六三三学制"。这个学制，是我国先进人士集体智慧的精华，它的问世，对我国现在的教育事业依旧产生着影响，对我国学校体育的推动作用也是非常大的。在美国的实用主义传入中国的同时，自然体育思想也随之传入，这一思想逐渐地占据和掀起人们对体育的新的认识，同时，在思想文化的传入过程中，提出了"体育即生活"的口号，主张以儿童为中心，适应儿童现在生活的需要，要为儿童的发展提供有力的支持，明确体育课程要适应儿童的兴趣，要培养"民主""自由"思想及适应"个性发展"，在教学过程中，要以学生为主，同时自然体育思想推崇跑跳等自然活动方式，对机械的体操课程进行了严厉的批判和彻底的否定。

1922年，北洋政府颁布了"壬戌学制"，在公布的中小学"课程纲要草案"中正式将"体操科"改名为"体育科"，并对体育课程的相关内容做了更加细致的规定，并且增加了很多理论的科目。"草案"关于体育课学时的分配是：占所有小学总学时的10%，初中的体育课程为16学分，其中生理课部分占4学分，高中的体育课程为10学分包括健身法和卫生法。此时期，田径、球类等项目成为中小学的体育课程的主要科目，值得注意的是，这一时期的体育课程将"兵操"从教学内容中删除。体育课程的教学方法以"三段教学法"为主，所谓"三段"，即初段、中段和后段。这种教学方法与我国目前的中小体育课程的教学方法极为类似，其中的初段对应的是准备运动，也就是当前教学方法中的准备部分；中段对应的是主动运动，相当于如今体育课中的基本部分；后段对应的是整理运动，也就是当前教学方法中的结束部分。

"壬戌学制"明确了这一时期中小学的主要课程内容，主要是包括田径、球类、游戏等在内的机动灵活的科目，使学生们在上课时有更多的自主权和自由权，同时，一律剔除了兵操，体育教材灵活多样化，比较适合中小学生的身心发展规律；并采用"三段教学法"，契合中小学生的身心特点，有助于课程内容的顺利实施，激发学生的学习兴趣。这样的改革使中小学体育课程彻底摆脱了"军国民主义"的轨道，有利于中小学生的身心健康。之前主要以兵操为课程内容的学校体操课，慢慢变成以田径、球类和游戏为主的体育课，课内教学内容与课外的自由锻炼的内容渐渐趋于统一，田径、球类等项目，也在中小学中较广泛地实行起来。"壬戌学制"还精减了课程、缩短了年限，比较符合当时国民经济发展水平，改变了清末几次学制改革盲目抄袭外国的情况。一个学生从小学到大学毕业，在癸卯学制，总的年限是20—21年，其中小学9年、中学5年，而壬戌学制，由于废止了读经课，初小课程由过去的十科目精减成六科目，基本上能用四年时间完成五年的课程，高小和中学也有相应的措施使它能够分别由四年改为三年、五年改为四年，总的年限缩短三年之多，变成17—18年，而基本上没有降低水平。它在中国教育史上第一次让初等小学男女合校，并且从教育内容上取缔了反映封建专制和传播封建思想等违背民国教育宗旨的课程和教科书，在解放思想方面起到了积极作用。①

公立的学堂及民国后私立变更为公立的学校，在学校体育发展的过程中，受不同阶段的革故鼎新思潮的影响，总在试图找到契合我们民族教育发展的道路。故民国时汉口市的官办公立学校的体育教育发展模式变化较教会学校频繁；而隔江相望的武昌城里的省属官办的学校思想受到当时社会方方面面的影响，在接受与改造外来思想的过程中，更为活跃，对学校体育的认识可能更加纯粹。体育的最终目的是改造人，让人变得充满活力，而不是让人隶属于体育的政治内沿，让其成为某种主义的工具，因此，官办学校在现代化的过程中开始批判军操的政治倾向性与人的自然性之间的矛盾，将人的社会属性放置在前面，强调的是人的内在的主观能动性。学校

---

① 郝梦雪. 清末民初中小学体育课程的萌芽与发展 [D]. 石家庄：河北师范大学，2016：10.

<<< 第三章 早期奥林匹克运动发展与民国时期的汉口、
　　　　武昌、汉阳地区的学校体育发展构筑

体育在武昌的学堂、学校之中被国家、民族精神感染后，参与者带有身体之外诉求的意愿似乎要更多，而对于身体上的诉求则在潜意识中被忽视。即便是在武昌或汉阳地区的教会学校，由于受到来自官方的影响，也对学校体育实时地进行教育价值观上的某些改动。譬如，童子军是欧美学校体育的一部分，进入20世纪后，欧美学校体育对于童子军运动有过争议。在民国初期，汉口、武昌地区的各类学校曾经先后反反复复地推行此项运动。直到民国中后期，此项活动被淡化、取消。彼时的各类教育（中等以上的教育除外）并非完全意义上国家层面的义务教育，其社会背景下的公益性就各有所指。虽然民国时期的教育部属于主导全国教育发展的主管部门，但是面对晚清遗留下来的教会、私立、半官半私性质的教育门类，只能采取限制或逐步改造的形式来塑造自己的教育体系。

　　实质上，国家、外国宗教势力，时代性，个体都处于自我的诉求当中，那么主导话语权的一方就决定了学校教育的发展理念等。在没有完全取缔教会办学的资格时，汉口地区部分教会学校的学校体育在民国初期就跨入近代学校体育发展的大门，以自然性的教育模式固化下来，成为自身发展的特色。我们在博学中学的住宿与学费清单中发现，明确有体育费用这一栏。用今天的话说，是否属于巧立名目，乱收费呢？反观当时的德华、博文等教会学校，却未曾有过这样的收费名目。这说明了体育在博学的教育体系中，不论从何种角度上分析，都是被重视的。

　　民国时期，教会学校在中国，在汉口、武昌地区办学日趋成熟。这个成熟建立在科学教育的基础之上，宗教思想领域的荼毒被学校提倡的教育体系日益剔除。围绕科学的自然性教育理念，学校体育注重对个体的自我化发展，而非其他。博学、上智等学校将田径、球类等项目作为体育教学的主体在实施。个体的自我化，是让个体或人在动物本性的生理上得到充分的延展，要具备生物人体的基本标准，不仅表现在强健体魄上，而且还要让学生个体在简单的生理卫生和保健上得到保障。博学中学，在每年的春季或秋季，都要对在校生进行体育保健的健康检查，譬如身高、体重、肺活量、视力、牙齿、口腔、体态指数等方面的测量，以记录和评定个体的学生的发育、成长方面详尽的数据。

汉口部分老式的教会学校仿照博学中学的模式，也将田径、球类运动与当时的奥林匹克运动推广宣传相结合，提倡体育运动锦标化，通过校运动会的形式，突出学生的个性化发展。久而久之，各个教会学校按照自己学校体育文化的特点，建立起符合学校优势体育项目发展的教学模式。譬如，博学中学将部分田径项目和足球作为学校体育文化特点，在实践教学中，大力开展这类项目；上智中学则将田径中的投掷、跳跃、篮球作为自己的学校体育文化特色，在体育教学中，普及推广此类项目；汉口的圣若瑟女中则将体操作为学校体育文化样本，通过体育实践教学为汉口市输送专业的女子体操运动员。

学校体育的锦标主义的教学模式在民国时期中期较为盛行，到了民国后期，甚至是新中国成立后，部分教育学者认为教学的重心在少数人的竞赛结果，而忽略了整体的成长诉求，受到专业上的讨论和评判。遂根据形式，锦标主义的体育教学模式被逐渐淡化，取而代之的是：发展体育运动、增强人民体质的全民性质的教育模式。

还是回到现代性的层面上，我们需要怎样的人为社会服务，是独立的具有科学性人格的，还是被异化后的？这就需要教育的理念来源于人的固有本源属性及社会的现代意识。本源属性包含着身体、心理的成长。在某个阶段，身体的成长甚于心理成长的重要；中国传统文化强调的是德在前面，而欧美国家则强调个体的身体是存在的重要价值。即便是工业革命后，大机器代替了部分人力劳动，但是对于个体的身体的塑造仍然处于教育中的主要位置。田径运动、球类运动、游泳等近代奥林匹克运动项目符合人生物属性的成长境况，早期的奥林匹克运动会强调的也是运动员的业余身份，而非职业性质，说明了奥运会的宿根仍旧在教育之中，这让学校体育厘清了教育的实质。教育科学的自然性理念目前在欧洲国家义务教育阶段仍是其教育的本质诉求之一。

六、民国时期的汉口、武昌、汉阳学校体育师资培训体系建立概述

光绪二十八年（1902年）秋，张之洞在《筹办湖北各学堂》中说："师范学堂为教育造端之地，关系至重。"遂令各府州兴办师范学堂。宣统二年（1910年），武昌、汉阳有初、优级师范学堂及教员讲习所9所，学生数103人。抗日战争前夕，中等师范学校3所，学生700多人。1949年3月，武汉有高、中等师范学校7所，学生2684人。

武汉学校体育发展概述（晚清、民国篇） >>>

表3-2 清末，民国武昌、汉口、汉阳地区师范学校基本情况统计表（1910—1949）

年份	中等师范			高等师范		
	学校数	学生数	教师数	学校数	学生数	教师数
1910	3	583	60	3	330	42
1913	2	160		1	124	
1923	2	500		1	436	70
1931	3	713	82	1	76	
1949（春）	6	884		1	800	

数据来源于：《武汉市志·教育志》（1840—1985）

表3-3 1910年武汉三镇师范学堂、讲习所一览表

学堂名称	地址	创办时间	班数	学生数	教职员数	教员
存古学堂	武昌三道街	1907.07	3	104	27	16
两湖优级师范理化学堂	武昌南陵街	1907.11	2	114	18	14
两湖优级师范博物学堂	武昌南陵街	1908.11	2	112	18	11
两湖师范学堂	武昌南陵街	1906.09	8	429	53	41
汉黄德道初级师范学堂	汉阳三槐岭	1907.05	2	104	23	19
省城官立女子师范学堂	武昌黄土坡	1906.10	1	50	10	5
农业教员讲习所	武昌大贡院	1909.02	1	61	15	8
工业教员讲习所	武昌昙华林	1909.07	1	70	12	8
商业教员讲习所	武昌大贡院	1909.04	1	59	21	13

数据来源于：《武汉市志·教育志》（1840—1985）

第三章　早期奥林匹克运动发展与民国时期的汉口、武昌、汉阳地区的学校体育发展构筑

表3-4　1949年3月武汉三镇师范院校一览表

校名	校址	班数	学生数
国立湖北师范学院	汉口中山大道东段		800
湖北省立武昌师范学校	武昌三道街	10	409
湖北省立武昌女子第一师范学校	武昌玉龙桥	9	378
湖北省立武昌女子第二师范学校	武昌三道街	10	449
湖北省立武昌童子军师范学校	武昌大东门	6	100
武昌县立简易师范学校	武昌胡林翼路	4	215
汉阳县立简易师范学校	汉阳城内	6	243

数据来源于：《武汉市志·教育志》（1840—1985）

光绪三十年（1904年），汉阳道师范学堂在武昌昙华林开办。汉阳府师范学堂在汉阳南纪门西开办，是武汉最早的师范学校。1905年，端方、梁鼎芬在武昌创办湖北省师范学堂。同年，武昌道、武昌府等师范学堂和省武师学堂以及省师范讲习所，也在武昌相继开办。汉阳道师范学堂，改由汉阳夏口合办，易名阳夏师范学堂。1906年，张之洞在武昌营坊口（今武昌实验小学一带）设立两湖师范学堂，在武昌皇殿左首（今烈士祠附近）设立湖北省女子师范学堂，并在武昌设立湖北支郡师范学堂。1907年，毕业初级师范简易科学生1500人。其中省师范188人，武昌道师范224人，武昌府师范245人，汉黄德道师范117人，汉阳府师范106人，支郡师范620人。1908年，武昌府师范学堂停办。继后，学堂兴废更迭频繁。至宣统二年（1910年），有初级师范学堂3所，学生583人，教员65人。1911年，外国教会开办协和师范学堂。

民国元年（1912年），于武昌黄土坡重建女师，名为湖北省立

163

女子师范学校。1913年，于武昌大朝街口（原文普通中学旧址）重建湖北省立第一师范学校。是年，学校2所，学生160人。1927年初，武汉国民政府改组合并中等学校。省一师并入省一中，省女师并入省一女中；华中协和师范学校停办。1928年，于武昌大东门外（今武汉市二师）创办湖北省立乡村师范学校。1929年，废止综合制中学，师范学校单设，于武昌三道街（原存古学堂旧址）开办省立师范学校，于武昌正卫街（原省一女中旧址）开办省立女子师范学校。1930年，省乡师改为省立第一乡村师范学校。次年，学校3所，学生713人，教员82人。1935年，省师范、省女师和省第一乡村师范毕业中师生302人。

1938年秋，武汉危急，师范学校西迁，并入湖北省立联合中学。1941年5月，伪省政府于武昌紫阳湖畔设省立一师。1942年，伪市政府于汉口四维路设市立师范学校；两年后，市立师范学校中弹焚毁，停办。1946年，武昌、汉阳县立简易师范学校开办；在建始县的原以省师为基础的省九师和原以省女师为基础的省一女师，以及在恩施核桃坝的省二女师迁回武昌，并将接管的省师并入省九师，易名省立武昌师范学校。省立一、二女师亦易名为省立武昌第一、二女子师范学校，3校共有学生1118人，教员107人。同年，国立童子军师范学校从重庆迁至武昌。

1947年1月，童师改为省属，易名省立武昌童子军师范学校。同年，学校6所，毕业481人，其中，中师生331人，简师生150人。1949年3月，学校仍为6所。其中，中师生4所，简师生2所；学生1884人，其中，中师生1426人，简师生458人。1949年6月

164

接管师范学校，8月交省教育厅管理，武昌、汉阳县立简师并入县立中学，省童师停办。9月26日，省师和省一、二女师改建为省教育学院附属师范学校。1951年9月，武汉市文教局于汉口岳飞街创办武汉市第一师范学校。同年，省教院附属师范分为省实验师范学校（迁往汉川喻家集）、省武昌艺术师范学校和省武昌幼儿师范学校。

光绪三十三年（1907年）和三十四年（1908年），于两湖师范学堂内开设优级师范理化学堂和博物学堂，是武汉最早的高等师范理科专科学校。1907年，张之洞于武昌三道街（原经心书院旧址）设立"重在保存国粹，且养成传习中学之师"的存古学堂，是武汉最早的高等师范文科专科学校。1910年，理化、博物、存古学堂3所，学生330人，教员41人。优级理化、博物学堂从开办至1911年，共毕业学生200人。

民国时期，1913年6月全国划分为6个高等师范区，其中湖北区辖湖北、湖南、江西等省。7月10日，教育部批准国立武昌高等师范学校开办布告招生。11月2日开学，有学生（预科生）124人。1914年，开办本科。1923年改为国立武昌师范大学，学生436人，教员近70人。1924年，改为国立武昌大学，内设教育学院。武昌高师从开办至改为武昌大学前，毕业学生501人。1931年5月，为培养湖北农村中学教师及教育行政人员，于武昌宝积庵（今湖北大学）开办湖北省立乡村师范学院。8月，教育部定名为湖北省立教育学院。11月2日开学，有学生76人，其中本科38人，专修科38人。1933年，省教育学院有学生117人，其中本科66人，专修科51人。1936年，省教育学院停办。省教育学院开办5年，共毕业学生155

人。1946年，在四川江津的国立体育师范专科学校（1941年成立）迁至武昌，易名国立武昌体育师范专科学校。1948年，设在沙市的国立湖北师范学院（1944年在恩施设立）迁至汉口唐家院。1949年3月，国立湖北师范学院，有学生800余人，教职员200余人。

清末，初级普通师范分完全科和简易科两种。完全科，养成高小教员；简易科，养成初小教员。初招收贡生、廪生、增生、附生及文理优良之监生，尔后招收高小毕业生：完全科收18—25岁以内者；简易科收25—30岁以内者。招收范围：两湖师范以招湖北籍学生为主，兼收湖南及外省籍学生。其他师范均招湖北籍学生，入学考试分笔试和口试。口试主要是询问考生本人及家庭情况。学习年限，完全科5年。简易科除省师范和省支部师范1年半外，其余简易师范科为1年。学习课程：完全科除与普通中学课程基本相同外，还增设教育、习字等课程，各普通学科加授次序法（教授法）内容；教育课分教育学、教育原理、教授法和实习授业（教育实习）等内容。教育课占总学时的26%，教育实习占教育课时的34%。简易科，有修身、读经、教育、中国文学、历史、地理、格致、图画、体操等10门。省师范增设日语，女子师范增设家事、裁缝、手艺等课。教育课内加授幼儿保育方法，完全科和简易科均加授官话课。学生毕业后应在湖北、湖南各地之小学堂服务。服务年限：官费生（公费生）完全科6年，简易科3年；私费生（自费生）完全科3年，简易科2年。否则，官费生应补缴在堂学习的一切费用，私费生应补缴学费和在堂学习享受的费用。另外，教员讲习所，招收高小毕业生或同等学力者。分农、工、商、师范4科，农、商科2年毕业；

工科完全科3年毕业，简易科1年毕业；师范科专招教私塾的30—50岁童生，10个月毕业后担任小学副教员。

民国时期，1913年中等普通师范分预科和本科，均招收高小毕业生，学制5年（预科1年，本科4年）。预科有修身、读经、国文、习字、外国语、数学、图画、手工、乐歌、体操等10门课程；女子师范预科加授缝纫。本科有18门课，较预科多8门课，即教育、历史、地理、博学、物理、化学、法制经济、商业（或农业）等课；女子师范本科，家事：园艺（或缝纫）代替商业（或农业）。学生分公费生、半费生和自费生，以公费生为主。学生免缴学费，公费生由学校供给膳宿费，半费生缴膳宿费的半数，自费生自备膳宿费。毕业生服务年限：公费生男7年，女5年；半费生男5年，女4年；自费生男3年，女3年。1923年实行新学制，改为6年制。课程按前3年后3年的分科制设置，与普通中学分科选修制的课程相同。前3年，分社会、言文、算学、自然、艺术和体育等6个学科，共19门课；后3年，分公共必修学科和师范专修学科共18门课。师范专修学科9门课，即心理学入门、教育心理、普通教学法、各科教学法、各科小学教材研究、教育测验与统计、小学行政、教育原理和实习。前后各3年内，还设有繁多的选修课，一律实行学分制。后3年需修满156学分，其中教育实习20学分。

1927年，师范学校并入综合制中学，为高中师范科，课程不变。学生按中学生待遇办理，一律取消公费制。1928年，普通师范增设乡村师范科，课程增开乡村教育、农业及实习等课。

1929年，师范学校单设，恢复公费制。1932年，取消分科选修制及学分制，招收初中毕业生，学制3年。课程有公民、国文、外国语、历史、地理、算学、物理、化学、生物、论理、体育、军事训练（女生为军事看护）、劳作（内分农业、工艺、家事）、美术、音乐等15门普通课；教育概论、教育心理、小学教材及教学法、小学行政、教育测验及统计和实习等6门师范专业课，毕业时实行会考。学生一律享受公费，服务年限照修业年限加倍计算为6年。

1946年，沿用旧制。课程按普通师范、艺术师范和社会师范等3科设置，普通科（包括乡村科）与1932年的课程相比略有变动。取消外国语课，增设童子军、地方自治、农村经济及合作和实用技艺等课；社会科，增设社会心理、社教原理及实施、社教教材及教法等课；艺术科，增设音乐、美术专业和音乐、美术教材及教法等课。每周总课时，普通科与社会科34—35课时，艺术科略增加1—2课时，服务年限亦为6年，服务年限内，不得升学或从事教育界以外的工作。

1946年，简易师范科招收高小毕业生，学制3年，充当初小教员。普通学科课程与普通初中相同，专业学科课程有教育通论、教育行政、教育心理、地方自治、农村经济及合作、实用技艺、教学及实习等课。学生皆为公费生，毕业后分到武昌、汉阳两县农村小学。同年，特种师范科（童子军师范科）招收高小、初中毕业生，入学考试加试体育，分为简师班和中师班，学制2—3年。普通课有公民、国文、历史、地理、数学、理化、体育、音乐、美术等课；教育课有教育学、教育心理学、教育行政和教材教法等课；童子军课有童子军教育原理、童子军史、童子军组织法、童子军团部行政

<<< 第三章 早期奥林匹克运动发展与民国时期的汉口、
武昌、汉阳地区的学校体育发展构筑

管理、童子军技术课和实习等课,共19门。学生皆为公费生,毕业后充派小学童子军教员,服务年限亦按修业年限加倍计算。①

清末,武汉三镇官办学堂的体操科大多由自强新军的中下级军官充任,教员本身缺乏近代体育知识和技能,在教学内容上多照搬军队中的兵操。教会学堂则聘请外国人担任体育教师。二十至三十年代,武汉的学校中曾受过专业训练的体育教师寥寥无几,**略懂体育知识的教师,都是由外省、外市专业学校培训出来的。**四十年代,湖北教育学院改为湖北师范学院,开设体育科、系。直到1946年设在四川江津的国立体育师范专科学校迁到武昌,武汉才有培训体育师资的正式学校。至1949年武汉解放前夕,湖北师范学院体育系和江津国立体育师范专科学校更名为国立武昌体育师范专科学校,培训体育师资不到400人,其中大部分并没有从事体育教学工作。②

学高为师,身正为范。体育教师是近代学校体育教育的组成部分,教会学校和官办学堂自重视起操课、体操、体育课以后,体育教师的专业化发展不尽相同。教会学校比较重视田径、球类的教学,此外,由于受到奥林匹克文化传播的影响,体育教学以竞技教学为主。因此,他们将教学的重心放在挖掘普通学生的运动能力上,提倡每个学生的自主运动能力的学习。通过竞赛的形式,拔高部分或整体学生的身体素质及运动的水准;抑或通过组建体育俱乐部的形式,让有运动天赋的学生进入体育俱乐部中进行更高水平的训练,

---

① 武汉地方志编纂委员会. 武汉市志·教育志(1840—1985)[M]. 武汉:武汉大学出版社,1991:453-468.
② 武汉地方志编纂委员会. 武汉市志·体育志(1840—1985)[M]. 武汉:武汉大学出版社,1991:145.

并让他们代表学校参与校际的各类体育赛事。对于体育的认识教会学校意识到必须要由运动能力较强的人来实施教学和训练。而体育师资是首要的，教会学校一般采取聘请相关的外国在华或在汉的在体育方面有专长的人士担任，譬如，博学中学聘请英国在汉口租界的水兵来担任体育主讲教师，并安排两位助教帮助实施教学。博学中学的体育主讲教师主要讲授田径和足球，间或讲解人体生理、卫生常识等理论知识。助教在帮助主讲教师的日常工作时，也要从实践与理论上掌握体育教学的基本要领等。主讲教师通过不定期考核与观察，可以向学校推荐助教，让助教享有被学校聘请的条件之一。助教大多来自学校体育运动能力较强的教师或高年级学生。博学中学也曾经有师范部，后被移除博学，但是在培养师资方面，有着他们自己的传统。

许多博学的学生，在毕业后没有进入到更高级别的大学进行学习深造，也并没有失业，而是有部分学生通过在学校练就的体育运动技能，在汉口地区或者是整个武汉市担任其他各级各类学校的体育教师。20世纪80年代中后期至90年代初期，武汉市东西湖青少年女子足球发展在武汉市，湖北省，甚至全国，逐步形成了自己的影响力。当时在东西湖这片荒芜的足球教育、教学领域进行默默开垦的就是原博学中学毕业的一位学生——刘敦福。他作为新中国成立后的民办教师，一直在东西湖最偏远的东山农场当体育代课教师。出于对足球的热爱，在我国女子足球起步阶段，他就开始在农场小学里面推广足球运动，直到退休。到退休时，因为他对东西湖女子足球运动发展做出的贡献，区教育局将他一生民办教师的角色转变

>>> 第三章 早期奥林匹克运动发展与民国时期的汉口、
武昌、汉阳地区的学校体育发展构筑

为公办教师。他的名字也许会在博学中学的花名册中永久地沉睡下去，但是，受惠于他的女孩子因为足球而走上了人生的另外一个境界时，却一定会记住他。

官办学堂的体育师资主要由身体强壮、有运动能力的其他的代课教师担任，或因为军操课的缘故，聘请了部分旧式军队的军人担任体育教师。后因军操、操课、体育课实施一系列的革新，官办学校的体育师资，大学部分聘请了国外的专业师范毕业、拥有体育教育专业学位的外教及留洋学生。官办学校对于学校体育的认识与理念决定着某些体育教育专业人士的工作的连续性受到一定影响。民国时期及新中国成立后近二三十年间，体育教师在官办学校里面不能称其为教师，而更多地以"孩子王"称呼，这也足以说明学校体育在当时的学校中的地位问题。某些官办学堂的体育教师因在旧式军队待过，把军队中的一些不良习性带到学堂之中，难以作为教师的身正为范的标准，在学校里面开展正常的教学工作。用"枉为人师"对其进行评价并不为过。

进入到20世纪八九十年代，师范教育的体育专业逐步扩大，体育师资力量短缺问题受到一定的重视，但基层学校的体育教师仍旧面临匮乏趋势。

七、民国时期的汉口、武昌、汉阳学校体育文化的现代性比较分析

辛亥革命武昌城头的炮声，宣布武昌走进了近代的现代社会。彼时长江的对岸是汉阳和汉口。汉阳铁厂高炉里早就开始冒着近代社会的工业化浓烟；彼时的江汉关的海关大楼虽没有拔地而起，但是用机器开的船，来回地在江上奔腾着。我们似乎看见了20世纪初年，抑或是在清末及民国的时候，一个充满现代性的东方芝加哥在襁褓中嗷嗷待哺。

现代性这一概念就像其他一些与时间有关的概念一样，我们认为能马上回答这个问题；但一旦我们试图表述自己的想法，就会意识到，做出令人信服的回答需要更多的时间。[①]

西方三大教会礼拜堂、湖广督署大门、铁厂烟囱成为勾勒出民国时期汉口、武昌、汉阳现代性特征的符号之一。不论是我们自己的传统教育，还是西方的教会教育，在晚清的长江水与汉水的融合下，都像模像样地撑起了未来武汉教育的根基。因此，民国时的省立幼儿园至文华大学，在囊括了当时人口的三分之一或四分之一的少年时光中，三镇的教育体系的构筑，基本合乎近代教育的分门别类。

不管什么样的教育，都好像在受教育者与未受教育者之间，隔着一道无形的墙；我们可以用"文明"两个字来叙述这种隔阂造成的境况，当然，在绝对意义上，文化与文明不能等同。晚清科举考试的取消，一定意义上，让西方的近代教育成体系地扎根在今天我们今天的武汉三镇。我们可以用太多的论据、观点、思想来辩驳近代教育在晚清、民国时期的是是非非；可无可辩驳的是曾经存在的西方近代教育让彼时的中国人看见了世界，看见了新的思想。是啊，

[①] 马泰·卡林内斯库. 现代性的五副面孔[M]. 顾爱彬，李瑞华，译. 北京：商务印书馆，2002：1.

<<< 第三章　早期奥林匹克运动发展与民国时期的汉口、
武昌、汉阳地区的学校体育发展构筑

那么多人,接受了近代西方思想的启蒙之后,抛家弃子,留学西洋,感悟着那种新思想的清新!晚清的武汉三镇在《天津条约》之后,陆续有"洋人"踏入,而且有些地方(西商跑马场)是不让中国人进去的。近代教育也似乎没有光明正大地让中国人进去(信教)。民国时期的国人,未必完全把头上的辫子剪掉,但西方殖民者清楚地晓得,要完全地让国人信教,头上的辫子倒不重要,而是心中的辫子倒是一种魔咒,不除则断不了根。冲突之后,可能是一种妥协,形式也许代替了一种愿望。

1896年李鸿章去美国访问,看到当时的纽约,感慨西方进入了现代化。在谈到对美国的感受时,他认为:我对我在美国见到的一切都很喜欢,所有事情都让我高兴。最使我感到惊讶的是20层或更高一些的摩天大楼,我在清国和欧洲从没见过这种高楼。这些楼看起来建得很牢固,能抗任何狂风吧?对于教育,李鸿章想说的是,我们习惯是送所有男孩上学。(翻译插话:"在清国,男孩,才是真正的孩子。")我们有很好的学校,但只有付得起学费的富家子弟才能入学,穷人家的孩子没有机会上学。但是,我们现在还没有你们这么多的学校和学堂,我们计划将来在国内建立更多的学校。① 从这里我们可以窥出对于现代性而言,物与人是割舍不开的。现代性首要做的是所有的国民享受到读书识字、天真烂漫的娱乐健康生活;而要想实现这一目的,需要在制度的更新后,对社会资源和物质的重新分配,让社会的公益性普及化。教育是最好的形式,而近代教

---

① 郑羲原. 帝国的回忆:《纽约时报》晚清观察记 1854—1911 [M]. 北京:当代中国出版社,2018.

173

育则是彼时中国的一种选择。这种选择可能在某种意义上带有一定的强迫性质，接纳与抵触同时存在；如同我们拿民国时期的袁隆平与21世纪的袁隆平进行对比，我们就一定可以断定某种教育更加现代化？从宗教改革到文艺复兴，再到第一次工业革命，在跨越三四百年的思想改造后，欧洲人意识到相较于神，人是真实存在的。而人的身体不仅仅局限于自然领域，而是把它看作是社会符号和神圣力量的生发器。而这些社会符号和神圣力量对于一个社会群体的自我认同和社会空间的构建都是至关紧要的。[1] 齐美尔也认为，身体是社会的一个源头，是社会和文化形式的一个源头。正是这些社会和文化形式使得个体发展出他们的个性。[2]

  回到民国初期，操课作为学校体育文化的主要内容之一，在武昌、汉阳的官立学堂中非常盛行，其主要原因是受张之洞的"中学为体，西学为用"思想的影响，在窥视世界各国的德与体的教育中，似乎德国军操与日本军操在进入学校之后，在整体层面上提升了本国青少年身体的强健体魄时，也在精神层面上唤起了民众的民族自豪感、优越感等，从而将个人的身体命运与国家的兴旺联系在一起，给人以一种振奋人心的感觉。由此，在我们看来各个国家的学校体

---

[1] 和身体相关的符号研究在涂尔干的著作中占有特别的分量，因为在他看来，没有身体也就没有生活和社会。就身体是神圣力量的发生机制来说，涂尔干认为，在人类历史上围绕着身体形成的禁忌和规范足以证明，在这些禁忌和规范深处潜藏着某种超自然的规则，这些规则在特定情景下也会涌现出来。对涂尔干来说，这种神圣力量的重要性在于，对它的体验使得个体能超越一时的冲动和自我的性情，认识到其他人也是集体生活的参与者。换句话说，神圣力量创造了一个社会生活的空间，在这个空间中，群体意识到了自己的存在。

[2] LEVINE D. 'Introductio', in Georg Simmel On Individuality and Social Forms [M]. Chicago Universi ty of Chicago Press, 1972: 2.

>>> 第三章 早期奥林匹克运动发展与民国时期的汉口、
武昌、汉阳地区的学校体育发展构筑

育中，德日的军操是实施得比较成功的教育典范之一。而恰从林则徐在湖广位上禁烟开始，晚清国民强健身体，振奋精神，提高了国民的民族自尊和信心，官办学堂推广操课是有些厚重的历史背景的。于是晚清军操和队列在官办学堂中，尤其受到重视。张之洞创办的自强学堂及衍生出的近代各类学堂（小学之大学），无不将操课作为教育内容之一进行推广。由于开始聘请的是日本或德国的专业操课教师进行任教，从社会的认同角度来说，是顺应了当时的社会发展，符合我们对近代教育中身体教育的认识和融汇于国情的。德国及日本的操课教师受到的专业的训练，使得他们对于操列和中国彼时的国情有着比较客观的理解。从实际的教学效果来说，确为近代学校体育树立起一种典范，操课的实践内容不仅让青少年及学生受到一种行为意识上的规训，让受众在身体生理层面得到成长的舒缓及协调；进入到心理层面，意识体现出社会的公民感，也就是"国家兴亡，匹夫有责"，能够知晓"责"该如何去实现。因而，省立官办的各级学堂纷纷效仿，将操课作为新式教育的主要内容之一。直至20世纪七八十年代，武汉的中小学在体育教学实践过程中，操课的痕迹还很明显。笔者生于20世纪70年代，在武汉的部属师范院校的中小学里接受基础教育，从基本认知的层面上，对小学的体育教育的感受是：以操课中的队列、队形为主，游戏活动为辅；各种球类等器械类的体育项目较少接触。

五四运动之后，知识分子对于科学与教育的理解在一个更大的范围内吸纳了世界的各种思潮，对于科学与民主的思考，让民国初期留洋的博士生或学者，并非一味反对或支持军操；而是认为，站

175

在人性的角度，军操带有一定的禁锢、强制的奴性色彩，似乎又回到了封建时代。虽然军操在设置初期，确有振奋人心，崇尚民族精神的作用；但是在实践过程中却受到日本军国主义的控制，把握军操核心要义的一些关键人与技术，被他人所操控；再则就是军队的教官进入到学校后，本身的文化素养停留在旧军队的境界中，所要表达的军操精神与当时的教育理念间存在一定的沟壑。

毛主席在于北大图书馆写出的《体育之研究》中就曾阐述："国力苶弱，武风不振，民族之体质，日趋轻细。"若要改变此现状须：体育一道，配德育与智育，而德、智皆寄于体。无体是无德智也。顾知之者或寡矣。或以为重在智识，或曰道德也。夫知识则诚可贵矣，人之所以异于动物者此耳。顾徒知识之何载乎？道德亦诚可贵矣，所以立群道平人己者此耳。顾徒道德之何寓乎？体者，为知识之载而为道德之寓者也。其载知识也如车，其寓道德也如舍……儿童及年入小学，小学之时，宜专注重于身体之发育，而知识之增进道德之养成次之。宜以养护为主，而以教授训练为辅。今盖多不知之，故儿童缘读书而得疾病或至夭殇者有之矣。中学及中学以上，宜三育并重，今人则多偏于智。中学之年，身体之发育尚未完成，乃今培之者少而倾之者多，发育不将有中止之势乎？学校既起，采各国之成法，风习稍稍改矣。然办学之人，犹未脱陈旧一流，囿于所习，不能骤变，或少注意及之，亦惟是外面铺张，不揣其本而齐其末。故愚观现今之体育，率多有形式而无实质。非不有体操课程也，非不有体操教员也，然而受体操之益者少。非徒无益，又有害焉。教者发令，学者强应，身顺而心违，精神受无量之痛苦，

<<< 第三章 早期奥林匹克运动发展与民国时期的汉口、武昌、汉阳地区的学校体育发展构筑

精神苦而身亦苦矣。盖一体操之终,未有不貌瘁神伤者也。①

我们要的实质就操课而言,是强壮体魄,健康身体;在某个阶段,国家、民族是推行操课的主要目的;经过了时代的磨砺后,我们回过头再来审视操课的实施目的时,就会发现,个体在整体面前,有时候需要先解决的是个体的问题,当个体达不到一定的标准和要求时,如果一味强调整体,则是欲速则不达,因此学校体育对于启蒙的儿童来说,不同的阶段该如何进行运动锻炼是有科学安排的。如果不讲实效,统一采取一种方式来进行操课,势必达不到我们想要达到的效果。就这个层面上讲,民国时先把操课换成体操课,有着一定的社会成因。

张之洞在湖北武昌创办的新式教育希望能挽救颓败的晚清王朝,从国家的层面倡导近代教育的中国化,从身体到心灵,让整个社会的层面觉悟,用民族精神的高度来实现对晚清的拯救;但是时代的步伐让张之洞尴尬地处于一个"螳臂当车"的境地;就在他实施军事、教育、实业改革的地方——武昌,爆发了辛亥革命;清王朝没了,但是民族还在;新兴的知识分子在张之洞创办的学堂里推翻了清王朝后,看到的是中国人的几千年的社会劣根性(奴性)仍旧困扰着他们。而要摆脱这种劣根性,必须从新的一代开始,从教育开始,否则就无从谈起当时社会的现代性。站在彼时的社会潮头,淡定地阅读毛主席的《体育之研究》,我们就会理解学校体育的现代性是如何被伟人诠释得淋漓尽致的。学校体育教育回归到人的身上,才是国家之幸,是民族之望。回归到人,必须是要尊重人的自然性

---

① 崔乐泉.中国体育通史:第3卷[M].北京:人民体育出版社,2008:217-218.

特征，如此，才能延续后面的社会性及文化性。

在1920年至1937年这一历史时期国人已经逐步认识到体育在西方社会、生活中所扮演的角色。但是，救亡图存的大社会背景以及看待身体活动的传统观念在这一时期对国人认识西方体育仍然起着决定性的作用。英、美的学校体育在这一时期得到流行，其中一个重要原因就是第一次世界大战胜败结果对国人产生的影响。这种功利主义的认识态度导致国人无法深入了解英美学校体育文化中的公平竞争观念，并对英、美学校体育中的个体中心观念进行了曲解。其结果是在实践过程中无论是在学校体育还是竞技赛场都出现了种种问题，竞技运动也开始被逐步纳入"为国争光"的单一思路。传统轻视身体运动的观念在经过军国民时期被短暂地压制后又开始复苏，一个明证就是五四运动后知识界主流层面不再像军、国民时期那样关注体育。体育即武力以及其相对低下的社会地位这两种来自中国古代社会的观念一直或明或暗地延续着。这一时期伴随着西方体育在中国广播范围的日益扩大和在社会中所扮演角色的日益复杂，近代社会不同阶层与群体对其认识的差异也日益显著。

近代体育学者郝更生在1927年著有《十年来我国之体育》一文，对于军人普遍充当体育教师的现象曾指出其原因："而学校当局又常疑体育与军事为性质相同之教育。致学校体育指导者多为军队之中下级军官。"由此可见，出现军人充当体育教师的情况不仅是由于缺乏师资，军国民与尚武的宣传使民众把西方体育等同于军事也是一个重要原因。在这样的背景下，传统的重文轻武的观念仍然在影响民众观念，"及至科举废，新式教育兴起，办学者只知体育为新

<<< 第三章　早期奥林匹克运动发展与民国时期的汉口、
　　　　武昌、汉阳地区的学校体育发展构筑

式教育中所不可不提倡者，而所以提倡之道，仍属于茫然。曾见办学者，登台演讲体育之重要，及归，见其年事稍轻之子弟，手舞足蹈，表现天真者，反咤其轻率不文……""家长对于学生在校之体育训练，不独无积极鼓励之意，且疑运动为戕害身体之动作。更有认学校体育为非理举动而令子弟中途辍学者。""同事中，间有一二继续体育训练者，则视为轻浮"。1914年教育部《视察京师公私立各学校通告书》中涉及体育课程时也记载："学生上课时多矜持太甚，历时过久俱有倦容……则学生视为畏途，穷而思遁。又休息时间宜使学生徒有活泼之动作，乃下课后生徒旋集教室，或枯坐饮茶室，拘束太甚，无甚趣味。"1925年，苏南、上海等富庶地区纷纷建立公共体育场，以供民众健身之用。但是实际情况是"人民之能运动者绝少，开办之后，人迹罕至"。[①]

清末时期的教会学校也在一定的层面上比较认同操课教学，受制于办学规模、场地、经费等条件，他们也普遍认为操课是作为身体教育的基本部分，是学校体育教育的一个组成部分。包括后来的童子军教育，也在武汉三镇风行一时。进入民国时期，教会学校在办学条件和规模上都有所改善后，开始意识到操课教学存在的某些弊端（从教育的角度），逐步在体育教学中被淡化。操课在某种意义上是将制度、意志、权力以一种行为方式附加在身体之上，然后渗入人的思维中，久之人在这种压制下，用规训的方式让人达到形而上的统一。这与英国、法国、美国在19世纪中后期推行的自然教育

---

① 张晓军. 近代国人对西方体育的认识嬗变（1840—1937）[D]. 长春：吉林大学文学院，2010：107.

中对人的理解相悖。在梅洛·庞蒂的概念体系中，有三种"身体"：自然的身体、社会的身体和文化的身体。换言之，身体同时具有自然性、社会性和文化性①。自然的身体用什么样的方式来体现？皮埃尔·德·顾拜旦组织召开的1896年的第一届奥林匹克运动会似乎解答了这一问题。

奥林匹克运动确实推动了世界各地学校体育的发展。走上奥林匹克运动场的运动员，确实将自然、社会、文化符号融入自己的身体之中。用个体来诠释国家、民族、精神的奥林匹克运动随着奥运会的举办及奥林匹克文化的推广，使得20世纪初的学校体育迅速地朝着运动竞技化的方向发展；使得每个人（职业运动员除外，直到20世纪末，职业运动员才被允许参加奥运会）都能够通过运动实现自己的梦想。身体从这时开始，更加自由了。

到了民国初期，武汉三镇的教会学校处于一个扩张时期，教会势力为了利益范畴，加大了学校、医院等社会事业的投入；学校体育的近代化发展逐步加快，围绕着奥运会竞技比赛项目，学校体育教授的内容都有所更改，田径、球类、游泳、体操等体育项目让学校体育文化发展趋向多样化。而为了追求奥运会的口号（更高、更快、更强），教会学校的学校体育竞技化特征慢慢显现出来。校际的竞争不单是文化、思想、心理的比拼，也将体育融入其中，如同伦敦的牛津、剑桥大学自1829年开始的百年赛艇对抗赛（The Oxford and Cambridge Boat Race）。而武昌与汉口的博文与博学两所学校每

---

① 李婉莉. 身体的暧昧与超越——浅析梅洛·庞蒂的身体概念[J]. 北京社会科学, 2013（2）：17-22.

>>> 第三章　早期奥林匹克运动发展与民国时期的汉口、
武昌、汉阳地区的学校体育发展构筑

年的校级运动就如同民国时武汉三镇的伦敦式的翻版的学校体育文化演绎。从田径比赛到足球比赛，彼时的学校体育把人的自然性教育放在一个很高的位置。将人的自然性提升到一个高度后，再去谈社会性与文化性；否则，就绕过自然性成了空谈。这种学校体育文化的发展延续，直到民国中后期，除了由于抗战及内战，受到一定的影响外，均在一个良性的社会环境中发展。当然，这个环境使社会逐步地向现代化方向前进。

学校体育卫生保健是教育对人尊重的一种体现。在教会学校虽对身体的主体有着不同争议，但是在实践中，却运用科学知识来掌控、了解个体的成长轨迹或在成长过程中需要传递出的生理保健知识。笔者在博学中学（武汉市第四中学）、博文中学（武汉市第十五中学）档案室调研过程中，均发现学校早期使用过体质健康测试用的体重秤、肺活量测试仪、皮脂测量卡尺等器械。说明体育的现代性由最开始的感性解读向理性思考的阶段过渡。这个过渡，不仅仅是用单纯的先进与否来诠释，而是近代社会发展的趋势和必要性的共同结果，是对人的身份认同。

以人为核心的学校体育竞技化教育是民国时期汉口地区教会学校及私立学校的主流，并且辐射到武昌和汉阳。这种自然主义体育强调体育的教育功能，是以身体活动为手段的一种教育形式，反对欧洲大陆形式化的体操，提倡自然的体育运动，主张从儿童兴趣出发，以儿童为中心安排体育课程和教材。从文化传统来看它属于提倡自然游戏、竞技运动的英美体育文化传统。

民国时的武昌属于政治、文化中心，各种思想融汇于此。胡适、陶行知等一批留美博士，在教育理念上受到美国教育家杜威（John Dewey，1859—1952）的影响较大。1919年5月，美国实用主义哲学家、教育家杜威应蔡元培、胡适等中国学人之邀，来华做了为期两个月的讲学，在中国知识界引起了巨大反响。其实用主义教育思想对民国时期的教育都产生了重大影响。美国自然主义体育在中国的流行实际上也是由于杜威实用主义教育思想在学校教育中占主导地位的结果。杜威的实用主义教育思想注重儿童的原始本能，强调教育的任务就是按照儿童生长的不同阶段供给适当的材料，促进本能的表现与发展，适应社会的需要。在教学过程中，要求以学生为主体，以他的自然本能为主，教师在旁边因势利导，使其能够顺应天性自然成长。反对被动的、灌输式的教育，即"以儿童为中心"。杜威教育思想中的另一个重要观点是"学校即社会"。认为教育在注重发展个人才能的同时，还应注重与社会的需要相适应，把教育变成社会的教育。为此，这就要求教育者不仅要掌握儿童的本能，还要研究此时此地的社会需要，选择几种主要的社会生活内容，安排学校教学内容，把学校的生活变为社会生活，使儿童做这些活动时，就可以在不知不觉中了解应对社会与国家的种种需要。强调从"做中学"，反对书本中无用的死知识。

杜威特别强调现代教育必须符合民主国家的需要。民主国家的人民要有独立的判断力，要有自由的思想力，要有实地试验的功夫，用自己的能力找出思想和行为的方向。杜威称："教育的目的（民治国家尤其如此）是要养成配做社会的良好分子的公民。详言之，就是使社会各分子能承受社会的过去或现在的各种经验，不但被动地

<<< 第三章　早期奥林匹克运动发展与民国时期的汉口、
　　　　武昌、汉阳地区的学校体育发展构筑

吸收，还需每人同时做一个发射的中心，使他所承受的及发射的都贡献到别的公民的心里去，也来加入社会的生活。"在教学手段上，杜威强调实践性强、与社会有密切联系的手段。他在教学中引入"游戏""做工"等既符合儿童天性，又有利于培养其社会实践能力的活动。

文华大学本身就是基督教美国圣公会传教士文惠廉（W. L. Boone）等一行三人，于19世纪中后期来湖北武昌传教，而开设的学堂及后来的中学、大学。所以在文华大学及武昌的另外一所学堂——博文中学都可以看见欧美新式教育的影子。在民国初期受到美国教育的改良思想的冲击，杜威的自然主义教育理念很自然地比较容易融入学校的教育体系之中。由于自强学堂在珞珈山的国立武汉大学自校长到教师，均是欧美留洋回来的高级知识分子，也比较快地接受了欧美的自然主义教育思想。单就体育而言，自然主义体育主张体育就是教育。自然主义体育的主要代表人物威廉姆斯提出："体育是以身体大肌肉活动和适当的环境为工具，而实现教育目的的一种教育活动。""我们不是锻炼肌肉以增强他们的力量，而是通过身体的运动来教育人，附带增强他们的肌肉力量，其目的是培养一个社会中的人，而不是他的肌肉。"自然主义认为体育就是生活，"体育是生命和生活""体育从根本上是一种生活方式""体育应该发展社会生活中所需要的娱乐活动的技巧和对娱乐活动的态度"；自然主义体育强调体育要顺应儿童的本能，"体育活动必须适应儿童的兴趣和本能的冲动，要以儿童为中心。本能存在于神经系统的组织中，是一种行为的倾向，跑、跳、投掷、攀爬、游戏、竞争，以及好奇等都是本能"；在体育手段的选择上，自然主义体育反对欧洲大陆人为设计的体操，提倡"自然性"的体育活动，包括游戏、舞蹈、户外竞技运动、野外活动和各种身体自然技巧（跑、跳、攀登、爬越、搬运等）。认为体操违背人的自然天性，"形式化的体操和体育，是教育中的畸形现象"。

　　自上而下，对于武昌及汉阳部分官立学堂，自然主义的教学理念也逐渐影响、渗透着。实质上是让孩子能够在一种天真、无畏的状态下，自由地参与体育的活动。田径和球类项目符合青少年的年龄特性，使得青少年参与运动的可能性加大（自我）。从而实现最初的教育目标。

　　对于操课、体操的批判是民国中期中国体育思想界的一个特征，这个批判源于欧美留洋的知识分子对于国外（英美）近代教育的不断理性认识，是建立在欧美国家的发展认识的基础上的；总的来讲是将本国的学校体育认识架构在世界现代化发展的层面之上，忽略了当时我国的基本国情。20世纪20年代开始，吴蕴瑞、袁敦礼、方万邦等留美体育学者归国，开始在国内积极鼓吹自然主义体育思想。但是，由于自然主义体育是20世纪初美国社会和教育发展的产物，针对的是当时美国的社会与教育相关问题，它在被直接移植到中国社会后，就会出现认识与理解上的差异。如自然主义体育提倡竞技运动、游戏等"自然性"的运动方式，攻击人为设计的欧陆体操。在第一章我们曾论述其中存在着欧洲大陆与英美在社会环境以及文化传统上的差异（参见第一章）。而这种情况在近代中国并不存在，这种体育观念上的差异与争议并不属于中国的问题。但是，作为自

>>> 第三章 早期奥林匹克运动发展与民国时期的汉口、
武昌、汉阳地区的学校体育发展构筑

然主义体育观的一个重要组成部分,也被留美体育学者重点强调。袁敦礼[1]提出:"瑞典式、德国式体操之发明,在达尔文阐明进化论之前,在所有近代心理学家降生之前……所谓教育的、医疗的体育之价值,在近代科学观点中实有重新评估之必要。"方万邦[2]也强调:"自然体育是新时代的产物,人造体育(指德国、瑞典体操)是19世纪的遗留,它的内容体系以成年人为标准,不能适合儿童身心发展需要。它的方法具有专制的色彩以训练儿童机械的服从,毫无个性自由的发展机会。这种方法,只能把儿童养成木偶式的士兵,却不能成为我们理想的健全国民。"这些提法尽管都是站在科学或是教育的角度,但是对于一般的中国人来说,对德国、瑞典体操的科学或教育价值以及其产生的社会文化背景都缺乏了解。体操对于国人往往连接的是对国民时代的记忆,早在"一战"后就已经衰落,方万邦对其"专制的色彩""机械的服从"的批评指责虽然契合五四后的语境,但是也是过时的讨论。所以当时就有人提出"自然体育与人造体育为十几年前的旧问题",对于一般中国人来说,"自然与人造的区别完全在于教学方法与学生的态度,根本也是不成为问题的"。

充其体育本身而言,操课与体操只是内容而已,如何用形式来完成目标是在实践教育中所要思考的问题。民国初年汉阳书院改名为晴川中学(今武汉第三中学),学校秉承"中华民国"教育部颁

---

[1] 袁敦礼. 身心关系与体育[M]//国家体委体育文史工作委员主编. 中国近代体育文选. 北京:人民体育出版社,1992:208.
[2] 方万邦. 我国现行体育之十大问题及其解决途径[M]//国家体委体育文史工作委员主编. 中国近代体育文选. 北京:人民体育出版社,1992:247.

布的"注重道德教育，以实业教育，国民教育辅之；更以美感教育完成其道德"的教育宗旨，开设了修身、国文、英语、历史、地理、数学、博物、物理、化学、法制、经济、图画、手工、乐歌、体操等课程。直到新中国成立后，该学校对体操的教学仍旧是采用清末、民国时期的教学理念，让学生通过体操教学，认识体育，促进身体健康。体育教育教学思想的延续，让武汉第三中学自新中国成立后到20世纪80年代的体操教学在武汉市独树一帜，其中1956年进校参加工作的肖秀仕老师成为该校体操教学的带头人，并且在1957年6月，在武汉市举办的体操锦标赛上，武汉三中体操队队员分别获得男子少年甲组全能第二名、第三名的好成绩。在8月举办的湖北省体操锦标赛上，武汉三中体操队队员分别获得少年男子甲组比赛全能第二名、第四名，吊环第二名，单杠第三名，双杠第三名，自由体操第四名的好成绩。同年，武汉三中学生李克健被选拔进入武汉和湖北省体操队，随后进入武汉体育学院学习体操专业，成为体操运动的专门人才。肖老师培养的体操队员中，有赵汉华、吴东方、肖冰、余良华、曹汉荣等人，他们在高校中担任体操教学工作。特别是武汉体育学院的赵汉华，培养出了如程菲、李姗姗、黄秋爽这样在奥运会上决战决胜的体操人才。[1]

  从发展的形式回到事物本质，我们发现事物是在矛盾中前行的。从20世纪90年代中后期开始，我国为中学、大学入校的新生开设军训课程（后现代性的操课）。在施行了一段时间后，进入21世纪，我们又重复探讨了大中小学生军训课程是否有其必要性。其理由是

---

[1] 刘天喜，等. 话说武汉三中体操队 [J]. 武汉文史资料，2017（12）：17-21.

>>> 第三章 早期奥林匹克运动发展与民国时期的汉口、
武昌、汉阳地区的学校体育发展构筑

青少年学生的体质不能承受其运动强度，造成少数青少年学生的身体出现伤病及死亡事件等。

我们重新阅读历史的时候，发现体育自近代教育走进武汉三镇时，就已经落地生根发芽；至于开什么花结什么果并不重要，重要的是在青少年成长的过程中，体育会改变人的某些东西；大多数人因为蹒跚而行，而并未细品其中滋味；当历史中出类拔萃的人谈论起体育的话语时，体育的现代性似乎让人在生物环境中物竞天择，自由成长，在社会里运用体力与脑力改造自己，成为符合社会发展的社会人。

参考文献

[1] 托·亨·赫胥黎. 科学与教育 [M]. 单中惠, 平波, 译. 北京: 人民教育出版社, 2005.

[2] 许步曾. 西方思想家论教育 [M]. 北京: 人民教育出版社, 1985.

[3] 傅伊德, 金. 西方教育史 [M]. 任宝祥, 吴元训, 译. 北京: 人民教育出版社, 1985.

[4] 涂艳国. 科学教育与自由教育 [M]. 合肥: 安徽教育出版社, 2007.

[5] 卫道治. 中外教育交流史 [M]. 长沙: 湖南教育出版社, 1998.

[6] 谭华. 体育史 [M]. 北京: 高等教育出版社, 2009.

[7] 陈青之. 中国教育史 [M]. 北京: 中国社会科学出版社, 2009.

[8] 李珠, 皮明庥. 武汉教育史（古近代）[M]. 武汉: 武汉出版社, 1999.

[9] 湖北省体育运动委员会. 湖北省体育志 [M]. 北京: 中国

文史出版社，1992.

[10] 武汉地方志编纂委员会. 武汉市志·体育志（1840—1985）[M]. 武汉：武汉大学出版社，1996.

[11] 武汉地方志编纂委员会. 武汉市志·教育志（1840—1985）[M]. 武汉：武汉大学出版社，1996.

[12]《汉口租界志》编纂委员会. 汉口租界志 [M]. 武汉：武汉出版社，2003.

[13] 张之洞. 劝学篇 [M]. 桂林：广西师范大学出版社，2008.

[14] 罗夫·华德罗·汤普森. 杨格非：晚清五十年 [M]. 赵欣，刘斌斌，译. 天津：天津人民出版社，2012.

[15] 约瑟夫·马奎尔，凯文·扬. 理论诠释：体育与社会 [M]. 陆小聪，译. 重庆：重庆大学出版社，2012.

[16] 熊欢. 性别、身体、社会、女性体育研究的理论、方法与实践 [M]. 北京：中国社会科学出版社，2016.

[17] 谢立中，阮新邦. 现代性、后现代性社会理论：诠释与评论 [M]. 北京：北京大学出版社，2004.

[18] 希尔德·海嫩. 建筑与现代性批判 [M]. 卢永毅，周鸣浩，译. 北京：商务印书馆，2015.

[19] 钱锋，愉泓青. 中国体育建筑150年 [M]. 上海：同济大学出版社，2021.

[20] 陈晴. 清末民初新式体育的传入与嬗变 [M]. 武汉：华中师范大学，2007.

[21] 陈晴，赵勇. 教会教育与中国近代体育 [J]. 武汉体育学院学报，1997（3）.

[22] 郭红娟,马乃欣. 从"重文轻武"到"文武兼课"——晚清学校体育教育制度述评 [J]. 江西社会科学, 2003 (4).

[23] 何睦. 北洋大学与近代体育 [J]. 天津大学学报(社会科学版), 2010, 12 (1).

[24] 金光辉,金明星,王献英. 从清末民初的教育纲领审视军国民体育的本质及影响 [J]. 教育观察(上半月), 2016, 5 (5).

[25] 毛泽东. 体育之研究 [J]. 新青年, 1917, 3 (2).

[26] 蒲鸿春. 近代我国体育师资教育回溯 [J]. 体育文化导刊, 2016 (4).

[27] 蒲志强,平永忠,王江. 对中国学校体育制度史研究相关问题的探讨 [J]. 北京体育大学学报, 2004 (12).

[28] 蒲志强,赵道卿,董淑道. 民国时期(1927—1949)中学学校体育制度的演变过程、特点及其历史价值 [J]. 北京体育大学学报, 2005 (10).

[29] 王华倬. 论我国近代癸卯学制时期体育课程的主要内容与特征 [J]. 西安体育学院学报, 2004 (4).

[30] 王立国,胡竹青,王兵. 对中国近百年体育价值诉求的审思 [J]. 南京体育学院学报(自然科学版), 2015, 14 (1).

[31] 恽代英. 体育与卫生:学校体育之研究 [J]. 青年进步, 1917 (4).

[32] 张傲. 马约翰体育思想研究 [J]. 体育文化导刊, 2016 (4).

[33] 白刚. 中国近代体育史中的兵操、体操与体育 [J]. 上海体育学院学报, 1999.

[34] 陈晴,赵勇. 基督教青年会在中国的体育活动及其影响

[J]. 武汉体育学院学报, 2001 (1).

[35] 陈永军. 对中国早期学校运动会的历史考察 [J]. 武汉体育学院学报, 2003 (5).

[36] 郭国灿. 论近代尚力思潮 [J]. 福建论坛（文史哲版）, 1992 (2).

[37] 郝勤. 体育史观的重构与研究范式的转变——兼论体育的源起与概念演进 [J]. 成都体育学院学报, 2018, 44 (3).

[38] 郝勤. 走向21世纪的中国体育史学——兼论体育史从"寻根史学"到"参与史学"的变革 [J]. 成都体育学院学报, 2002 (2).

[39] 李力研. "尚力思潮"第一人：严复——中国近代第一个体育思想家 [J]. 天津体育学院学报, 1991 (4).

[40] 李连友, 姜允哲. 近代以来体育教育思想的演变及其走向 [J]. 东疆学刊, 1999 (1).

[41] 李宁. 晚清军队编练与近代体育传播 [J]. 体育文史, 1984 (3).

[42] 李佩弦. 精武体育会简史 [J]. 体育文史, 1983 (1).

[43] 李世宏. 张伯苓学校体育思想研究 [J]. 体育文化导刊, 2010 (7).

[44] 李印东, 李军. 从"土洋体育之争"的历史文化背景谈西方体育对武术的影响 [J]. 北京体育大学学报, 2010, 33 (4).

[45] 林翠. 中国近代女子体育运动的兴起 [J]. 衡阳师专学报（社会科学), 1991 (1).

[46] 罗时铭. 近代中国留学生与近代中国体育 [J]. 体育科学, 2006 (10).

[47] 罗时铭. 浅谈基督教青年会在中国近代体育史上的作用 [J]. 成都体院学报, 1985 (4).

[48] 孙睿诒, 陶双宾. 身体的征用——一项关于体育与现代性的研究 [J]. 社会学研究, 2012, 27 (6).

[49] 文军. 身体意识的觉醒——西方身体社会学理论的发展及其反思 [J]. 华东师范大学学报（哲学社会科学版）, 2008, 40 (6).

[50] 陈卓. 体育场域中的身体——自然、社会与文化属性 [J]. 社会科学论坛, 2018 (5).

[51] 邹广文, 张九童. "现代性"的文化解读 [J]. 社会科学战线, 2019 (6).

[52] 颜岩. 论赫勒的现代性道德哲学 [J]. 国外社会科学, 2021 (2).

[53] 陈文彬. 五四时期杜威来华讲学与中国知识界的反应 [D]. 复旦大学, 2006.

[54] 常志良. 论新生活运动对中国近代体育的影响 [D]. 苏州大学, 2007.

[55] 何宗旺. 蒋维乔思想研究 [D]. 湖南师范大学, 2003.

[56] 任冉冉. 上海社会体育研究（1912—1937）[D]. 上海师范大学, 2007.

[57] 付可尘. 清末民初军国民教育思潮研究 [D]. 贵州师范大学, 2006.

[58] 罗学艳. 论二十世纪初新型知识分子的尚武思想与实践 [D]. 河南大学, 2005.

[59] 花勇民. 欧洲体育文化研究 [D]. 北京体育大学, 2006.

后 记

城市由镇开始，秩序是城市发展的起点。秩序包含着自然与社会的不同属性。我们暂且将城市的起点作为一种现代性标榜于此。教育是城市延续的重要角色，近代教育之所以能够在世界各地落地生根（英语教育），其原因是把人当人看待。有了如此觉悟，近代教育似乎成为一种福音萦绕在我们耳旁。我们在被尊重之后，学会了思考，学会了反省骨子里的劣根性。其实近代教育的现代性就是要让人更彻底、纯粹地走进现代社会。

百年前的汉口、武昌、汉阳在欧美人看来是东方的芝加哥，他们认为长江水与汉水交汇的地方是未来大城市的雏形。他们用了半个多世纪深耕于此。当然历史不会将这页随意地翻过去，2015年世界中学生运动会第一次在欧洲以外的地方举办，来到了百年前他们先辈创办的学校——武汉市第四中学（博学中学）。可能是对历史的一种敬意，杨格非的后人将杨格非当时（1896—1923）在博学中学的珍贵照片捐赠给武汉四中的校史档案馆。历史的档案似乎没有人关注，我们用后现代性，后后现代来形容这个社会如此地白驹过隙。

百年后的博学中学成了武汉第四中学，百年后博学中学的先前建筑都被岁月洗染，有些沧桑的建筑经过整旧如旧后，似乎回到了百年前的镜像之中；校史档案馆三楼的钟楼里装的百年前利物浦苏豪钟表厂生产的钟表零件还组装得严丝合缝，正常地运转着。只有当时的田径场、足球场的位置依旧未动，炭渣跑道变成了塑胶跑道，足球场的草皮原先到了冬天就变秃了，现在种上了四季常青草。草的问题对于这个学校毕业的袁隆平院士来说，那不是问题。

还有张之洞和他的自强学堂，和他的铁厂、军操……自强学堂的学子们用军操推翻了张之洞的理想；武汉大学的宋卿体育馆与华中师范大学（民国时的文华大学）的翟雅阁体育馆作为彼时的现代化遗物留存下来。两个美国设计师用中国的文化造就的两座体育馆似乎在告慰张之洞，文化，人文化成。人与人的平等与尊重是我们这个社会迈入现代性的标志。教育更应如此，奥林匹克文化运动诠释的理念也是如此。

历史的角落未曾被全部眷顾到，在时间的匆匆流逝中，感悟了一些，写下了一些。写的越多，遗漏的就会越多。暂且先聊到此处。